내 마음은
잘, 지내시나요?

2025. 여름

마음의 용도

마음의
용도

변희수 에세이

연암서가

변희수

2016년 『경향신문』, 2011년 『영남일보』 신춘문예에 시로 등단하였다.
시집으로 『아무것도 아닌, 모든』, 『거기서부터 사랑을 시작하겠습니다』,
『시민의 기분』을 냈으며 모두 문학나눔도서에 선정되었다.
2018년과 2022년에 한국문화예술위원회의 아르코문학창작지원을 받아
시집을 발간하였으며 천강문학상과 제주4·3평화문학상을 수상하였다.
동시집으로 『가끔 하느님도 울어』가 있다.

마음의 용도

2025년 8월 20일 초판 1쇄 인쇄
2025년 8월 25일 초판 1쇄 발행

지은이 | 변희수
펴낸이 | 권오상
펴낸곳 | 연암서가

등록 | 2007년 10월 8일(제396-2007-00107호)
주소 | 경기도 고양시 일산서구 호수로 896, 402-1101
전화 | 031-907-3010
팩스 | 031-912-3012
이메일 | yeonamseoga@naver.com
ISBN | 979-11-6087-142-5 03810
값 17,000원

| 대구광역시 | 대구문화예술진흥원
이 책은 2025년 대구문화예술진흥원 문학작품집발간지원으로 출간되었습니다.

이 책에는 Mapo금빛나루체가 사용되었습니다.

서문

보르헤스가 아니더라도 책은 분명 우리에게 하나의 장소다. 책을 읽는 사람은 장소를 대여하려는 사람일지도 모른다. 그런 의미에서 책은 문명이 준 최고의 복지시설이 아닐까. 그곳에서 무엇을 누리고 무엇을 보고 듣건 어떤 군주도 간섭할 수 없다. 나름 그런 장소를 찾아가기 위한 흔적들로 집안 곳곳에 책이 펼쳐져 있다. 날개를 펼치고 이륙하거나 착륙한 장소가 어디였더라. 그곳은 아주 먼 곳이었다가 마음속 한 구석진 곳이기도 하다. 책은 언제나 떠날 수 있는 티켓을 끊어놓고 기다려 준다. 언젠가부터 여러 권의 책을 동시다발적으로 읽는 것이 좋다. 멀티태스킹이라는 말을 얄팍하다고 여기는 편이지만 병행 독서는 이제 당연한 것처럼 생각된다. 책은 매 순간 장소를 제공하고 장소는 다시 확장된 공간을 마련해 준다. 내가 책을 좋아하는 이유는 그곳이 한껏 사교적이면서 개별적인 곳이기 때문일 것이다. 우주라는 거대한 공간 속에서 한 점 점처럼 앉아서 무엇인가를 틈틈이 읽고 있을 지구인들, 나의 동료들에게 이곳이 허술하지만 마음에 남는 장소이기를. 그리고 또다시 훌쩍 다른 장소를 찾아서 떠나길.

서문을 마무리하려는 찰나 도서관의 신착 코너에서 고바야시 히데오가 쓴 글을 만났다. 잡독을 일삼는 사람에게 화답하듯이 그가 한 말을 옮겨 본다.

> 이렇게 책이 홍수처럼 쏟아져 나오는 시대에 남독(濫讀)을 하지 않는 것은 생각이 짧은 탓이리라. 남독으로 쌓인 천박한 지식의 축적은, 남독하고 싶다는 일념에 불타고 있는 한 피해를 주지 않는다. 남독하려고 애쓰다 보면, 남독에 아무런 해가 없음을 알게 된다.°

°
고바야시 히데오, 유은경 이재창 옮김, 『비평가의 책 읽기』
미행, 2025.

또 하나의 작은 서문

서문은 왜 겸손한 척하면서 언제나 적자처럼 당당하기만 한가. 서문은 부축이 필요 없고 도움이 필요 없는 걸까. 나는 서문을 다 써놓고도 지금 또 하나의 서문을 쓰고 있다 이 글을 본문이라 읽어도 되고 어느 페이지의 본문을 서문이라 읽어도 상관없을 테지만 서문을 두 번 쓰는 변명쯤은 필요할 것이다. 이런 느닷없는 용기를 스스로 귀애해 버린 탓도 있지만 '마음은 어떤 용도로 문장을 움직이게 하는가'라는 생각에 이르러 나는 마침내 이 책의 제목을 결정해 버렸다는 걸 말하고 싶었기 때문이다. 그리고 곧 그 결정을 의심하기 시작했다. 이토록 실용적인 제목이라니! 차라리 '낭만의 용도'라고 할 수 있었으면 좋았을 텐데. 그래도 마음이란 낭만보다 용도가 훨씬 다양하다. 100편의 생각을 쓰는 동안 100번의 용도에 합당했는지 돌아보면 마음이 여러 번 반짝거렸다. 문장은 아량이 넘치는 그릇처럼 읽고 쓰고 있는 내 모자라는 마음을 쓸모 있게 받아 주었다. 고맙다. 이러다가 서문이 서문을 낳고 영원히 본문 없는 서문만 쓰는 날이 와도 좋을 것 같다.

2025년 여름
욱수에서

차
례

서문 5
또 하나의 작은 서문 7

1 표현주의자들

이런 작업은 이성이 어지럽히는 일이 없도록
충분히 주의하면서 해야 한다.

흰색 12 • 시인들 15 • 이미지 수업 17 • 당황 19 • 번역 21 • 필명 24 • 키보드와 펜 26 • 애완시대 29 • 옷걸이 31 • 정체성 33 • 나무 35 • 안개 37 • 시라는 논리 40

2 거울을 의심하는 사람

에세이를 쓰는 것은 꽁지를 까딱거리는 새의 발밑에
밑줄을 그어 주는 일 같다.

우아 44 • 인용문 47 • 배려 49 • 느낌 51 • 소설 53 • 얼굴 56 • 에세이 58 • 0 60 • 환상통 62 • 춤 64 • 환승 음악 66 • 오키프의 꽃 68 • 곡물 70 • 수련 73 • 단어들 75 • 내 친구 왕룽 77 • 가장 정교한 울음 80 • 사모 82 • 이해 85 • 사랑 87

3   대화용 식탁

두부는 아무 소용없을 것 같은 모서리를 보여주었다.

두부의 흰빛 93 • 두부형 인간 95 • 두부의 할 말 97 • 두부 때문에 99 • 옥수수범벅 이야기-하나 102 • 옥수수범벅 이야기-둘 104 • 옥수수범벅 이야기-셋 106 • 옥수수범벅 이야기-넷 108 • 옥수수범벅 이야기-다섯 111 • 오이의 맛 113 • 오이향 115 • 오이꽃 117 • 오이장아찌 119 • 부추전 121 • 단무지 123 • 무조림 126 • 만두 128 • 하리보 130 • 김밥 132 • 배추 134 • 귤 136 • 달다 138 • 나박나박 141 • 밥 143 • 달걀 145 • 요섹남 147 • 자두 149 • 숟가락 151 • 사과 153

4   사물중독자

장미는 이미 빨강이라는 함정에 빠진 것 같다.

물 156 • 쇠 158 • 돌 161 • 흙 163 • 불 165 • 칼 167 • 컵 169 • 유리 171 • 거울 173 • 모래 176 • 이불 178 • 침대 180 • 피아노 182 • 반지 184 • 장미 186 • 서리 188 • 연못 190 • 바다 193

5   현실을 여행하는 생활자

먼지는 작은 기침에도 예민하게 날아올랐다.

하늘 196 • 망했다! 200 • 눈사람 202 • 냉장고 204 • 형식 206 • 먼지 208 • 조깅 210 • 욕망의 추 212 • 잠 215 • 추앙 217 • 산책 219 • 이모티콘 221 • 여행 223 • 수와 시 226 • 요가 228 • 지금 230 • 숨 232 • 관계 234 • 잘 236 • 밀양 238

1

표현주의자들

이런 작업은
이성이 어지럽히는
일이 없도록
충분히 주의하면서
해야 한다.

흰색

흰색은 공개적인가 하면 비공개적인 시선으로 자신을 표현한다. 흰색으로 된 사물들이 나를 바라보고 있다. 어쩌다 보니 벽도 옷장도 심지어 그 위에 놓아둔 항아리도 이 방을 나설 수 있는 문조차도 모두 흰색으로 되어 있다. 나는 지금 흰색에 갇혀있다. 흰색은 무표정하면서도 예리한 질문을 던지는 것 같다. 오늘 하루에 대해서 무어라고 하고 있다. 나는 알아들을 수 없다. 흰색의 말, 흰색의 생각, 흰색이 지향하는 방향. 이 방에 들어설 때마다 흰색은 내게 강력한 요청을 하고 나는 회피한다. 흰색은 백지를 앞에 둔 작가들처럼 무엇을 표현하고 싶어 하는가. 흰색은 모든 의미들을 수용할 것 같지만 결국 아무것도 표상하지 않으려는

듯 고집을 피우며 오염되는 걸 두려워한다. 보이지 않는 얼룩을 불안해한다. 흰색은 강자이면서 약자의 감정에 시달린다. 언젠가 흰색에게 이런 말을 들은 것도 같다. 흰색은 자신의 괴로움과 고독함과 얼굴을 붉힐 수 없는 자신의 차가운 피에 대해서 늘 피로를 느낀다고. 흰색은 흰색이라는 정의와 순수에 대해서 뼈가 저린 표정을 짓곤 한다. 어쩐지 흰색은 피해자인 동시에 가해자 같다.

시인들

시인이 아닌 사람들이 나를 시인이라고 부르는 순간들이 있다. 이상하게도 그 말을 듣는 순간 카메라 앞에 선 것처럼 몸이 오그라든다. 시인이라는 것이 얼굴일 리가 없는데 그렇다고 마음일 리도 없지만 시인도 부인도 할 수 없는 미묘한 표정이 내 얼굴에 나타났다가 사라진다. 사실 시인이라는 이름으로 지속되어야 할 그 어떤 의무도 책임도 없지만 '아니에요, 나는 시인이 아닙니다.' 시인이라는 떳떳하지 못한 직업을 가진 것처럼 손사래를 친다. 그리곤 별거 없는 영업비밀이라도 드러나고 말 것처럼 얼굴을 찌푸린다. 그러니까 사실은 시인이 아닌 순간에 더 자주 출몰하는 나의 시들과 시인라고 불리는 순간 사라지는 시들 사이에서 '나는 시를 연기하는 사람입니다. 그뿐이에요.' 입술이 바람보다 가벼워지려는 찰나 숨죽이고 시가 오는 소리를 듣는다. 어쩌면 내가 시를 연기하는 것이 아니라 시가 나를 연기하거나, 연기延期시키고 있는 것인지도 모른다.

이미지 수업

시 수업의 일부로 하이쿠 수업을 했다. 설명할 수 없는 걸 설명해 보려는 노력 혹은 아이러니. 애매할 때마다 이미지를 들먹인다. 말할 수 없는 건 그냥 받아들이는 겁니다. 비언어적 시선을 고약한 침묵으로 인정하는 거죠. 서로가 조금씩 어긋나길 기다리면서 아니면 잽싸게 사라질 순간의 운명을 안고서. 그러니까 순간을 확장시켜 보는 겁니다. 흠흠…… 그래서 아름다운 겁니다. 세계적으로 우주적으로. 그러니까 할 말이 없습니다. 없는 것에 대해서 할 말이 많은 사람처럼 끝나도 끝나지 않을 수업을 계속한다. 설명의 늪에 빠져 애를 쓴다. 엎지른 물을 주워 담으려다가 들킨 사람처럼 수업이 끝나면 잘못을 저지른 사람 같은 기분이 든다. 부디 용서하시길. 입을 다물고 시동을 걸고 저는 바빠서 이만…… 드디어 이미지에서 벗어난다. 뒤통수에 걸린 이미지가 앞을 가로막는다. 절망을 가르치는 일이 가능하다는 걸 말해주는 교실이 있다니. 아름다운 일이라고 중얼거린다.

당황

시집을 건넬 때 염려가 되는 점이 있다. 특히 시를 직접 쓰지 않는 사람에게라면 우려는 더욱 짙어진다. 시에 노출되는 감정이 작가의 팩트라고 믿고 싶어 하는 마음, 그것이 소설보다 훨씬 강하기 때문이다. 서사는 왜곡할 수 있어도 서정은 왜곡할 수 없다는 관념 때문일까. 왜곡되고 굴절된 서정을 만화경처럼 들여다보고 싶어 하는 자가 시인이다. 가끔 이 시를 쓰게 된 동기가 무엇인지 묻는 이들이 있다. 시를 쓰게 된 동기가 시의 내용과 일치하는 경우는 거의 없다. 만약에 일치한다면 그는 지나치게 낭만적이거나 타협적인 사람이다. 감정의 온갖 불순과 불온 그리고 불일치함을 겪는 중에 겨우 만들어낸 한 뼘의 협치가 시다. 동기는 직접 시가 되지 않는다. 동기는 팩트와 픽션을 여러 번 우회한 끝에 겨우 드러나는 실마리 같은 것이다. 작가의 현실과 시의 감정을 무의식적으로 엮어보려는 마음이 느껴질 때마다 당황하게 된다.

번역

토착민처럼 환경과 상태의 변화를 고스란히 겪은 언어를 모국어라고 한다. 번역된 시를 읽을 때마다 자꾸 가렵다. 등이 팔이 다리가 긁어도 시원하지 않은 기분에 매달린다. 사전을 펼쳐보았을 때처럼 오히려 더 답답해지는 기분에 휩싸이게 된다. 아무리 읽어도 읽히지 않는 문장 너머의 침묵이 마음에 걸려 있을 때 "진정한 번역은 원문의 빛을 차단하지 않는다"◦고 말한 발터 벤야민의 글 앞에서 서성거리게 된다. 원문에서 흘러나오는 빛이란 무엇일까. 그것은 단어 그 자체가 발산하는 때묻지 않은 빛일 것이다. 그 빛이 들락거릴 수 있는 곳이 시의 아케이드라고 짐작해본다. 번역된 문장에서는 기표나 심지어 그 아래 도사리고 있는 기

의마저 털어내고 싶어 하는 열망들이 보인다. 언어에서 언어로의 전이, 더 갈 것인가 돌아올 것인가. 망설인다. 그럴 때마다 읽던 글을 잠시 덮어두고 사진이나 그림을 들여다보게 된다. 눈을 믿는 것은 아니지만 감각이라는 직역을 더 신뢰하고 싶은 순간도 있다.

○
『언어 일반과 인간의 언어에 대하여·번역자의 과제 외』, 발터 벤야민, 최성만 옮김, 길, 2008, 135쪽.

필명

본명은 이미 본래적이다. 아무런 제스처를 취하지 않아도 벌써 최종적인 무엇에 닿아 있는 느낌이 있다. 대신 필명은 늘 개척해 가야 할 미지의 무엇처럼 느껴진다. 필명은 본명을 배척하는 것이 아니라 본명의 확고부동한 것을 거부한다. 필명을 가진 자는 씨 뿌리고 싹 틔우고 열매를 거두는 것까지 모든 노고를 스스로 감당해야 하는 짐이 있다. 그렇게 자발적으로 선택한 이름은 가명이 아니다. 자신에게 부여한 새로운 사명을 전제로 한 또 다른 본명에 가깝다. 페르난두 페소아가 무수한 이명을 불러내며 글을 썼듯, 필명은 본명의 순혈적인 혈통을 우선시하지 않으므로 새로운 가계를 그려보려고 한다. 사인을 하다가 불쑥 본명을 쓰게 되는 경우가 있다. 멀리 도망가다가 다시 제자리로 돌아온 것처럼 겸연쩍다. 필명을 쓰는 사람에게서는 동지애 같은 것이 느껴진다. 잘해 봐요. 쉽지 않죠. 흐흐흐. 만나면 어깨를 두드려주고 싶어진다.

키보드와 펜

키보드는 감정을 즉설하게 만들지만 펜은 종이 위에서 감정을 유예시킨다. 키보드로 글을 쓰고 있지만 펜에 대한 애착은 따로 있다. 키보드를 두드리는 것으로 시작하는 글쓰기는 책이라는 실체가 만들어짐으로써 끝이 난다. 하지만 책을 건네줄 때만은 꼭 친필로 누구누구 선생님께 아무개 드림이라고 쓴다. 이렇게 쓰는 작가의 사인은 증정이라는 의미보다는 "이제 이 글쓰기가 마무리되었습니다"라는 정중한 아룀의 표시에 가깝다. 사인을 할 때마다 오랫동안 부재했던 감각이 손끝에서 되살아나는 느낌을 받는다. 자판을 두들기던 동안 잊어버렸던 기억이 살아난다. 누군가의 이름을 적고 있는 동안 그 사람에게서 받았던 인상과 이

미지가 미세하게 글씨의 모양에 관여한다. 펜은 그들에게 느꼈던 소소한 경험이나 감상조차 조형적인 것으로 표현해 주는 매력을 가지고 있다. 키보드의 스피드가 캐치할 수 없는 것이다.

애완시대

'개는 인간을 즐기기 시작했고 나는 개의 즐거움과 개의 고독을 이해하는 인간이 되어갔다.' 이것은 오래전 언젠가 내가 쓰다가 만 소설의 첫 줄이다. 개소리같이 들릴지 모르지만 내 소설은 곧 개의 소설이기도 하므로 나의 개는 내 옆에서 자주 낑낑 으르렁댔다. 자판을 두드릴 때마다 개구라 개뻥 멍멍 짖는 소리들이 개뼈다귀처럼 튀어나왔다. 나는 개와 함께 소설을 끝내고 싶었지만 소설이 완성되기도 전에 개는 빠른 속도로 늙어갔다. 우울에 빠진 개를 돌보는 나의 우울이 소설의 중심이었지만 나의 우울도 개의 우울도 아닌 우울이 소설의 핵심이 되어갔다. 개는 소설처럼 긴 혓바닥으로 대놓고 침을 흘리는 문장들을 핥아보다가 왈왈거렸다. 소설을 쓰다가 잠이 들면 나보다 늙은 개가 조상처럼 앉아 시를 쓰고 있었다. 내가 가르치던 개가 나를 향해 뭔가를 꾸짖고 있었다. 영원히 끝나지 않을 소설처럼 인간을 즐기지 못하는 인간이 애완용 글을 써놓고 짖고 있었다.

옷걸이

빈 옷걸이들이 물음표처럼 행거에 나란히 매달려 있다. 사물을 조금만 다른 시선으로 바라보면 의외의 이미지를 발견할 때가 있다. 트라이앵글 위로 꼿꼿하게 머리를 세우고 있는 옷걸이에서 언뜻 십자가 위에 팔을 올려놓은 예수나 가부좌를 한 부처의 모습을 떠올리게 되는 것도 어렵지 않을 것이다. 에르곤(Ergon)의 상태에 고착되어버린 사물에게서 기능을 떼어놓는 순간 사물은 새로운 상태의 이미지를 발견하게 해준다. 기능이 사물의 전폭적인 의도였다면 예술은 그런 의도를 전복시키는 것을 소명으로 삼는다. 실용적인 이유 때문에 예술은 쓸모없는 것으로 비치지만 '예술가는 신탁을 구제한다'°는 말은 시들어가는 인간의 가슴을 다시 뛰게 하는 말이다. 하찮은 옷걸이를 바라보며 뭔가를 궁구해보려는 노력들. (그런 작업은 이성이 어지럽히는 일이 없도록 충분히 주의하면서 해야 한다.°°) 다시 빈 옷걸이를 흘낏거린다. 관념의 옷을 훌훌 벗어버린 것처럼 홀가분해 보이는 뼈마디에서 왜 지울 수 없는 실용의 숨결이 느껴지는 걸까.

○
○○
알랭(에밀 샤르티에), 임재철 옮김, 『예술 강의 20』, 이모션북스, 2024.

정체성

'나는 진눈깨비가 좋다. 그때그때 대기의 상태를 봐서 자기 정체성을 결정하는 그것.' 구자명의 「오, 흐름 위에 보금자리 친」에 나오는 구절을 읽다가 문득 안톤 체호프의 「귀여운 여인」이 떠올랐다. 올렌카는 누군가를 사랑하지 않고는 살아갈 수 없는 여자다. 남편을 잃고 과부가 될 때마다 자기 앞에 나타나는 남자들을 사랑하게 된다. 마치 사랑 앞에서 비도 되고 눈도 될 수 있는 여자처럼 심지어 그 사람을 닮은 말투로 이야기하기도 한다. 그러니까 상대에 따라 자기의 정체성이 결정되는 그것이 올렌카의 정체성이며 사랑인 셈이다. 올렌카의 경우 사랑이란 정체되지 않고 흐르는 마음이다. 스캔들이 자연스러운 이 범애적 사랑을 두고 딴지를 걸 수 없게 체호프는 못박아 버린다. '귀여운 여인'이라고. 귀엽다는 말은 인간적인 연민이 묻은 체호프식의 찬사다. 귀여움은 허영이 아니라 가장 순수한 순간에 튀어나오는 진실이니까. 희끄무레한 자작나무숲을 지나가는 체호프에게 다시 한번 작가적인 경애를!

○
구자명, 「오, 흐름 위에 보금자리 친」, 『건달바 지대평』, 나무와 숲, 2023.

나무

온몸으로 빛과 바람을 더듬는 나무들의 세계는 감각적이어서 오히려 비현실적으로 이해된다. 이해는 예술의 전제가 될 수 없다. 감각만이 예술을 선험하는 형식이다. 프랑시스 퐁주의 말처럼 나무가 쏟아내는 것은 녹색의 구토에 가깝지만 나무들이 견디는 울렁거림이 좋다. 견딤과 울렁거림 사이에 생기는 리듬, 그것이 아니라면 포로처럼 붙박여 있는 나무들을 입체적이라고 이해할 순 없을 것이다. 바람의 형편을 세세하게 표현하고 빛의 불가사의를 고스란히 기록하는 나무의 몸짓은 성실한 예술가를 닮았다. 햇빛이 강한 날 나무들을 바라보고 있으면 빛을 빨아들이는 블랙홀 같다. 나무가 팽창하고 있다. 나뭇잎이 분열하고 있다. 굉음과 함께 폭발하는 꽃이 있을 것 같다. 나무 앞에 눈을 감고 서 있으면 빛을 다투는 나뭇잎들의 사정을 이해할 것 같다. 갈래갈래 갈라지는 가지들의 마음을 알 것 같다. 나무의 꿈이 숲인가. 흉내 낼 수 없는 감각의 제국에 그늘이 내린다. 나무를 이해해보려는 마음을 버린다.

안개

안개는 권유한다. 대지에게 경계와 분간을 보류하길 엎드려 청한다. 미처 눈을 뜨지 못한 사물의 손등에 입을 맞추며 몽리夢裏의 면적을 조금이라도 더 확보하려 한다. 그는 현실을 볼모로 삼아 비현실적인 상황을 연출하며 자신의 영향력을 유예시켜 보려 한다. 그러나 미몽을 즐기는 자에게도 뜻밖의 쾌활함이 있다. 출처나 어원이 불분명한 무용담처럼 대지를 휩쓸고 다니다가 한순간에 물러설 줄 아는 재치가 있다. 안개 낀 풍경을 바라보고 있으면 사실주의와 추상주의가 충돌하고 있는 화폭을 보는 것 같다. 언뜻언뜻 비치는 안갯속의 실루엣들은 무언가를 항변하고 있는 모습이다. 식별을 지우는 게 안개의 미덕이라면 그것은 글쓰기에도 적용된다. 언어는 사물의 표면에 달라붙은 안개와 같이 모호한 태도를 보이다가 느닷없이 선명한 모습을 드러내놓기도 한다. 마치 표현주의자의 머릿속을 다 헤집고 나온 것처럼 홀연히 몽환적 아름다움을 꺼내 보여주기도 한다.

시라는 논리

논리 철학에서 a=a다는 항등명제다. 이때 a는 항상 서로 어긋남이 없어야 한다. 일치한다는 것 그것 때문에 이 논리는 더 이상 발전 가능성이 없어진다. 늘 맞다거나 늘 옳다는 것처럼 일반화된 논리나 인식에는 어떤 기대도 새로움도 없다. a의 값이 a로 확정되는 항등의 순간 도약의 세계는 사라진다. 시는 이와 같은 논리를 명제로 가지지 않으려고 필사적으로 노력하며 그것이 개념화되어 바깥으로 드러나길 거부한다. 시에서 비유는 등식을 가지려는 것이 아니라 항을 잠시 빌리려는 것뿐이다. 상황이 바뀌면 등식은 폐기된다. 시나 예술은 우연의 결과물에 가깝다. 현대 예술의 근간이 되는 추상은 논리를 해방하는 것으로부터 시작

한다. 그럼에도 무언가 손에 잡히는 것들 그 명확함이 주는 쾌감을 쉽사리 포기할 수 없다. 논리에 대한 집착과 추상이라는 오해만으로도 이 세계는 어지럽고 $a=a$거나 $a≠a$라는 방식 역시 또 하나의 논리일지도 모른다. 쓸모도 없고 발전 가능성이 없더라도 a의 값을 무한으로 가져보려는 기대 그것이 시라는 논리일까.

2

거울을 의심하는 사람

에세이를
쓰는 것은
꽁지를 까딱거리는
새의 발밑에
밑줄을
그어 주는 일 같다.

우아

우아하다는 것은 안이 바깥으로 스며 나온 것이다. 우아라는 아우라, 그것은 세계의 고유함이 바깥으로 확장될 때 드러난다. 우아함에는 특별한 자장과 같은 에너지가 있다. 우아함을 기류로 가진 사람은 흔치 않다. 우아함 역시 그것을 감지할 줄 아는 사람의 심안이나 안목에 의해서 더욱 분명해진다. 그러니까 우아하다는 것은 개념으로 정의되는 것이 아니라 그것을 바라보는 사람의 미감의 결정이기도 하다. 우아하기는 어렵다. 그것은 몸짓으로 실천된 결과물이 자아내는 최종적인 분위기이기 때문이다. 사람이 아니라 가끔 어떤 문장의 문체에서 우아함을 느낄 때가 있다. 글쓰기라는 작업에서 우아라는 아우라는 어떻게 구현

될 수 있을까. 어느 날 산책하는 연못에 날개가 크고 하얀 새가 날아온 적이 있다. 파닥거리는 오리떼 사이 가뿐하게 내려앉은 새는 군더더기 하나 없는 동작으로 자잘한 생태계를 잊게 했다. 소란스러운 바람과 물결을 긴장시키고 시선을 모으게 하는 날갯짓, 연못 주변에는 평소와는 다른 기류가 흐르고 있었다.

인용문

인용하는 문장이 마음에 들 때 글쓰기의 보폭은 더욱 씩씩해진다. 인용은 머뭇거리는 말을 견인하거나 뒷받침해주는 역할을 한다. 그렇게 지지를 받은 문장은 힘을 가지게 된다. 끌어온 문장이 꾸어온 달걀처럼 굴 때 작가에 대한 신뢰는 의심받게 된다. 스스로 껍질을 깨지 못한 채 타인의 문장에 기대어 순항하는 글은 재미가 없다. 인용한 문장과의 길항이 없으면 잔잔하기만 한 바다를 감상하는 기분이 들기도 한다. 첫눈에 반할 만큼 사랑에 빠질 수 있는 문장은 많고 우러러보이는 텍스트라고 해도 자신의 살과 피로 지어지지 않은 문장은 금방 상투적으로 전락하고 만다. 글쓰기에서 인용문은 조명탄 같은 것일지도 모른다. 어둠 속에서 혼자 걸어가다가 문득 누군가 쏘아 올린 불빛을 발견하는 것 하지만 잠시 반짝이다가 사라지는 불빛에 기대어 끝까지 걸어갈 수는 없을 것이다. 황량한 겨울 들판에 느닷없이 밀려오는 봄바람 같은 환기, 어디서 날아온지 모를 종달새의 지저귐처럼 가슴이 뛰는 발돋움과 활력 그거면 충분한 것일지도 모른다.

배려

"나는 늘 나 자신을 위해 그림을 그립니다. 그것 말고는 달리 무엇을 위해 그림을 그리겠습니까? 보는 사람을 위한 작업은 어떻게 할 수 있는 겁니까." (데이비드 실베스터와의 인터뷰)라는 프랜시스 베이컨의 되물음만큼 자기 자신을 배려하는 말이 있을까 싶다. 인간 생활에서 최고의 선을 꼽으라면 제일 먼저 배려를 들 수 있겠지만 이 도덕적 논제로부터 가뿐하게 탈출할 수 있는 해방구는 아마도 예술이 아닐까. 예술은 자기애와 이기심이 존중되는 분야다. 베이컨이 예술적 성과를 얻기 위해 벌인 행위들이 종종 실험 무대처럼 형편없다는 오해를 받기도 했지만 "나는 무엇인가 말하려고(보여주려고) 하는 것이 아니라, 무언가를 하려고 하는 것이다."라고 말함으로써 예술이 타인이 목적이 아니라 자기 자신이 목적인 것을 분명하게 밝힌다. 그림은 자신의 모든 감각의 밸브를 열어줌으로써 보다 격렬하게 삶으로 되돌아가게 만들어준다는 베이컨의 말 뒤에는 자기 자신에 대한 배려가 깊이 고려되어 있다. 예술은 궁극적으로 문화적 차원으로 배려되는 걸 꺼린다.

느낌

영감을 초대하기 위해서 집안 청소부터 할 필요는 없다. 영감이 응접실 소파에 기대어 우리를 지긋이 바라봐줄 것이라는 기대는 부질없는 짓이다. 영감은 귀한 손님이 아니다. 발바닥의 티눈을 빼다가도 코를 풀다가도 문득 방문하는 이웃일 뿐이다. 움베르토 에코의 말처럼 영감이란 예술을 더 높은 것으로만 격상시켜 보려는 자들의 꿍꿍이일지도 모른다. 아무튼, 그럼에도, 그렇지만 영감은 그 자체로 우리를 귀 기울이게 만드는 무언가가 있다. 영감이 내린다고 하지 않고 떠오른다고 하는 걸 보면 초월적인 것이라기보다는 영감은 자기 자신의 내부에서 발생하는 모종의 에너지에 더 가까워 보인다. 영감이 전적으로 정신적인 것에

만 의존한다는 말은 무책임하다. 영적인 것을 감각해내는 알람의 기능으로써 육체적인 조건들을 무시할 수 없기 때문이다. 육체의 성실함을 통해서 영적인 것을 인지할 수 있는 능력. 우리가 말하는 바로 그 느낌 그것을 키우는 것이 그나마 영감 근처에 갈 수 있는 정직한 방법이다.

소설

소설을 쓸까, 생각해 본 적이 많았다. 다자이 오사무의 『인간 실격』은 내게 피부 같은 문장이 어떤 것인지 알게 해 준 소설이다. 내용보다 중요한 게 있다는 걸 깨우친 소설이라고나 할까. 스치기만 해도 아픈 감각적인 문체를 따라 써보고 싶었다. 다자이 오사무의 글을 읽을 때마다 내 안에 있는 다자이 오사무를 발견하곤 했는데 무엇인가를 표현한다는 것이 무섭고 두려우면서 한편 안도가 되는 일이라는 생각이 들었다. 섬약하고 무기력한 인간의 가능성이 바로 문학이라는 사실도 눈치채게 되었다. 여고 시절 「습죠 선생님」이라는 짧은 소설을 습작으로 쓴 적도 있지만 나는 끝내 소설로 가지 못했다. 모호하고 막연한 감각들이 시로

먼저 흘러들어 왔고 지금 생각해 보면 그게 나의 진짜 성향이었던 것 같기도 하다. 『인간 실격』에서 받은 섬세한 충격과 '여름은 샹들리에 / 가을은 등롱'(「오! 가을」)이라고 할 만큼 선명한 다자이 오사무의 감각이 내 시가 되었는지는 모르겠지만 소설이 벼랑을 감고 돌아가는 물길이라면 시는 벼랑 위에 핀 한 송이 꽃이라는 사실. 이 위태로운 꽃 때문에 소설은 영원히 망가지지 않을 로망으로 남게 되었다.

얼굴

누군가 얼굴을 찍어주기 위해 셔터를 누르면 피하고 싶어서 손을 휘젓는다. 롤랑 바르트는 사진이 말과 글이 가지지 않는 정보를 제공하기 때문에 거짓말, 즉 꾸미는 말을 하지 않는다고 한다. 언어는 조작할 수 있지만 사진은 텍스트 그 자체만을 허락한다는 점에서 때로는 피사체에게 냉정하다. 나이테가 새겨진 얼굴을 볼 때마다 에두르거나 미화할 수 있는 언어의 관용적 태도가 고맙게 느껴질 때도 있다. 그러나 유서프 카쉬의 사진 속에 등장하는 인물들 앞에서는 그런 마음들이 사라진다. 화가 나거나 주름이 지거나 고집불통으로 보이는 얼굴들이 텍스트가 가진 고유성, 즉 그것이 원본의 아름다움이라는 걸 분명하게 보여주고 있기 때문이다. 언젠가 서울로 가는 기차 안에서 유서프 카쉬가 찍은 사진들이 실린 잡지를 본 적이 있다. 터널을 지날 때마다 흑백으로 찍힌 사진 속의 얼굴들이 빛과 어둠 속에서 나타났다가 사라지곤 했다. 사진 속의 얼굴들과 잠잠한 승객들의 얼굴이 터널을 통과할 때마다 같은 렌즈 안에 있는 것처럼 보였다. 카메라 속에 그 어떤 모습이 담기든 그것은 시간의 진실이며 냉정한 사실이 된다.

에세이

왜 그런지 에세이라고 말하면 새가 날아와서 나란히 앉는 기분이 든다. 여러 종류의 글 가운데 특히 에세이를 쓰는 것은 꽁지를 까딱거리는 새의 발밑에 다정하게 밑줄을 그어 주는 일 같다. 에세이를 쓰다가 백지 위에 찍힌 글자들을 보면 새의 발자국을 닮았다. 언제 날아왔는지도 모를 새들의 지저귐, 그런 소리에 귀를 기울이려고 글을 쓴다. 톡, 톡, 톡 새들을 부르기 위해 자판을 두드리면 새들은 자신이 얼마나 높고 멀리까지 날 수 있는지도 모른 채 활자가 되어 얌전히 앉아 있다. 그러다가 어느 순간 기회가 되면 아무 연고도 없는 타인의 마음속까지 날아가 깃들곤 한다. 새들은 허공이라는 아름다운 백지를 가졌지만 종횡무진

하는 데 주저함이 없고 지지배배 지지배배 썼다가 지워도 더럽혀지지 않는 목소리를 가졌으니, 부럽다. 에세이는 만만한 글쓰기가 아니다. 새를 불러 모으는 여정에서 새를 멀리 날려 보내는 과정까지 사뭇 남다른 조심스러움이 있다. 언어의 미끄러짐과 새들의 활강은 닮았다.

0

0은 속이 텅 비어 있다. 창작자들은 0을 제로 상태로 보지 않고 여백으로 이해한다. 이때 0은 암시 침묵 생략 등을 기의로 가진 기호로 작용한다. 0을 연필로 그려보면 끊어진 곳이 없다. 어느 지점에서 시작해도 늘 어느 지점으로 이어져 있는 완벽한 수 같다. 있음과 없음의 유무 그 자체를 모두 포괄하거나 아예 허락하지 않는 것처럼 보인다. 0은 동그란 얼굴로 끝없는 갈망과 완전한 무욕 사이에서 천진한 표정을 짓고 있는 수다. 백지 앞에서 어떻게든 0의 상태를 새로운 국면으로 전환시켜 보려는 사람들이 있다. 그들의 언어에는 안타깝게도 0의 그림자가 유령처럼 따라다닌다. 밤새 키보드를 두드려보지만 언제나 다시 백지의 상태로 떨어지고 말 일에 정성을 다해 매달린다. 창작하는 사람들은 태생적으로 제로라는 것을 인정하지 못하는 이들이다. 냉장고 문을 열었을 때 음식이 꽉 차 있으면 요리할 의욕이 생기지 않듯이 그들은 0을 비어 있는 상태가 아니라 비어 있음을 인지하는 신호로 받아들일 뿐이다. 텅 빈 냉장고 속의 불빛이 훤하게 흘러나올 때 서둘러 앞치마를 입게 되는 것처럼.

환상통

단순하다는 말은 강하고 센 말이다. 압축된 밀도를 가졌다는 말일 것이다. 단순함이 상징이라는 알레고리를 가지게 되면 모던하다는 예술적 지위도 함께 가지게 된다. 다르게 말하면 이런 단순함은 더 나아갈 데가 없는 극강의 상태를 지칭하는 말일 수도 있다. 콘스탕탱 브랑쿠시의 조각품을 보고 있으면 생략과 여백이 가득해서 시를 읽는 기분이 든다. 마치 보는 사람에게 나는 형식의 디테일을 과감하게 버렸으니 당신은 내용의 알뜰함을 챙기라고 말하고 있는 것처럼 보인다. 그러니까 최소한의 암시로 최대한의 영감을 초대하라는 전언들, 브랑쿠시의 작품을 볼 때마다 그런 목소리가 들리는 것 같다. 특히 <잠자는 뮤즈>를 보고 있으면 마음이 부산하게 깨어난다. 몸은 없고 잠자는 두상만 있는 뮤즈 앞에서 묻는다. 나는 지금 깨어 있는 것인가. 아니면 삶이라는 또 다른 잠에 갇혀 있는 것인가. 그도 아니면 이 모든 것이 그냥 꿈? 예술이라는 영원한 환상통이 밀려온다.

춤

어깨춤은 춤의 한 형태라기보다는 발흥을 위한 전주에 더 가까운 모습이다. 격식이 없고 지극히 개인적인 춤을 막춤이라고 하지만 어깨춤은 그래도 나름 절제와 품위가 있다. 격렬하지 않고 덩실덩실 추는 어깨춤을 보고 있으면 당사자의 감정에 자연스럽게 동화된다. 춤은 관객의 입장에서 감상할 때보다 같이 참여할 때가 더 흥겹다. 가끔 여행지에서 만나게 되는 춤이 있다. 그런 춤은 관객이라는 사실을 잠시나마 잊게 해준다. 전라도 어느 지방에서 만난 강강술래춤, 홋카이도의 오도리 공원에서 만난 본오도리춤, 그리스 아테네 광장에서 만난 시르타키, 일명 조르바춤 등은 모두 어깨를 대고 손을 잡고 함께 추는 춤이다. 어깨가 들썩거리던 구경꾼에서 자신도 모르게 타인의 손을 덥석 잡게 되는 춤들이 떠오른다. 춤은 가장 쉽고 빠르게 이방인을 통합하고 타인이라는 경계를 사라지게 만든다. 교감 세포가 한껏 발달한 춤을 추고 있으면 몸이 만국 공용어로 떠들고 있는 것 같다.

환승 음악

음악적으로 추구한 단 하나의 이상이 단순함이라는 사실, 그것 때문에 나는 단번에 에릭 사티의 팬이 되었다. 쇼팽도 모차르트도 드뷔시도 물리친 채 글을 쓰거나 무언가 생각해야 할 일이 있을 때는 그의 음악을 틀어놓는다. 단순과 반복으로 일관되는 사티의 음악은 듣는 사람을 간섭하지 않는다. 감상이라는 명분으로 감정을 미리 포장해놓거나 에너지를 과잉소비하지 않게 함으로써 무언가를 할 때 자기 감정에 충실하도록 해 준다. 그런 의미에서 가구음악이라는 그의 음악을 나는 종종 환승 음악이라고 부른다. 그는 내가 어디까지 가려고 하든 나를 입구까지 데려다준다. 그는 친절한 안내자라기보다 무덤덤한 안내자다. 그의 피아노곡 <짜증>은 한 페이지 분량밖에 안 되지만 무려 840번이나 반복 연주하게 표시해두었다고 한다. 단순한 멜로디를 끝없이 두드리라는 그의 주문은 그만 이 음악을 잊고 너의 멜로디를 찾아 떠나라는 것 같다. 그의 음악에서는 예술적 기교 대신에 스스로에게 던지는 질문이 들어 있다. 음악은 결국 어디에 있는 것이며, 그 안에서 무엇을 할 것인가.

오키프의 꽃

조지아 오키프가 그린 크고 화려한 꽃들을 보고 있으면 나도 모르게 꽃 속으로 빨려 들어가는 느낌을 받는다. 꽃이 가진 색채와 에너지 속으로 기꺼이 휘말리고 싶은 충동을 느끼게 된다. 캔버스 가득 클로즈업되어 있는 꽃잎은 꽃이라는 대상마저도 망각할 수 있을 것 같다. 접사하듯 그려진 꽃잎은 꽃이라는 관념적 대상이 아니라 무궁하게 열린 하나의 세계로 다가온다. 꽃을 통해서 꽃을 잊게 하는 꽃의 세계, 오키프의 꽃은 꽃 속의 또 다른 문으로 들어가는 내부의 길을 허락해 놓은 것 같다. 꽃으로부터 벗어날 수 있는 자유! 그것은 현실의 꽃이 아니라 예술가들이 허락하는 꽃이다. 꽃은 예술가들에게 비교적 흔하고 상투적인 소재다.

그럼에도 꽃이라는 존재 그 자체가 클리세한 것이 아니듯 오키프의 꽃은 단지 관상용으로 감상되길 거부한다. 문득 시부사와 다쓰히코의 글에서 읽은 '화요花妖'라는 말이 떠오른다. 꽃이 사라져도 꽃의 존재감을 드러내도록 안내해주는 요정이 정말로 있을지 모르겠다.

곡물

피터르 브뤼헐의 그림 <곡물 수확>을 본다. 들판엔 수확이 임박해졌다는 듯이 채도가 낮은 노란색이 임부의 배처럼 무거워 보인다. 뿌린 대로 거둔다는 말은 가끔 협박처럼 들린다. 스스로 뿌리를 내린 것들만 거두고 살 수는 없는 걸까. 그렇게 살기에는 우리의 입맛이 너무 복잡하고 화려해져 버렸다. 곡물이라는 말에는 물질이라는 뉘앙스가 깔려 있다. 곡식이라는 간곡한 이미지는 사라지고 생산성이라는 민감한 과제만 우선적인 것처럼 들린다. 피땀 어린 노동의 대가가 재화의 지위를 가질 수 있는 것은 당연한 이치지만 곡물이라는 말에는 욕망이라는 씨앗이 도사리고 있다. <곡물 수확>에 넘치는 노란색은 사람의 키 높이만큼 자라

풍요롭지만 어쩐지 압도적인 분위기다. 수확이라는 글자에는 거둔다는 의미가 두 번이나 겹쳐 있다. 거둔다는 기쁨보다 때를 놓치지 않아야 한다는 조바심과 긴박함이 깔려 있기 때문일까. 나무 아래 큰대자로 누워 잠든 농부의 모습에서는 수확의 조바심이 보이지 않는다. 브뤼헐의 의도, 아니면 여유일까.

수련

'수련은 여름꽃이다. 그것은 여름이 다시 돌아오지 않으리라는 것을 의미한다.'

가스통 바슐라르의 『꿈꿀 권리』에 나오는 첫 문장이다. 그러니까, 지난여름 내가 보았던 빛과 그 생생하던 시간은 다 어디로 사라진 것일까. 그것은 꿈이거나 혹은 수련을 둘러싼 물안개 같은 것일지도 모르겠다는 생각이 든다. 곧 수련이 피기 시작할 때다. 누군가 수련을 유심히 들여다보면서 '움직이는 물은 그 물속에 꽃의 두근거림을 지니고 있다.'고 한 말라르메의 시에 깊이 공감할 수도 있겠다. 그렇다면 그 사람은 꿈꿀 줄 아는 사람일지도 모르겠다. 모네의 수련이 빛에 의해서 매 순간 바뀌듯이 내면을 출렁거리게 하는 어떤 순간은 사물을 인식하는 감각을 전면적으로 바꾸어 놓기도 한다. '고요한 물의 더할 나위 없이 가벼운 운동이 꽃들의 아름다움을 이끌어낸다.'는 바슐라르의 말에서 사물들이 꾸는 꿈을 엿본다. 꽃만이 아니다. 물은 물의 꿈을 바람은 바람의 꿈을 흙은 사무치는 흙의 꿈을 꾼다. 꿈꿀 수 없다면 공기는 얼마나 딱딱하고 풀은 얼마나 뻣뻣하며 우리는 그 무엇에도 닿지 않을 것이다.

단어들

하고 싶은 말이 없었다면 글을 썼을까. 거꾸로 글이 없었다면 하고 싶은 말을 할 수 있었을까. 폴란드의 시인 비스와바 쉼보르스카는 1945년 「단어를 찾아서」라는 시로 문단에 첫발을 내디뎠다. 등단 직후에 불어닥친 사회주의 체제는 그녀에게 말과 글이 서로 배척하는 모순의 시기를 안겨주었다. 갓 등단한 시인이 사용하는 언어는 상징적인 기호라기보다 들끓는 말에 더 가깝다. "솟구치는 말들을 한마디로 표현하고 싶었다 / 있는 그대로의 생생함으로 / 열심히 고민하고, 따져보고, 헤아려보지만 / 그 어느 것도 적절치 못하다"(쉼보르스카, 「단어를 찾아서」)고 한 그녀의 말은 모든 작가들에게 두려운 고백이다. 온 힘을 다해서 찾는다 해도 찾을 수가 없는 말들은 체제나 이념의 문제이기 전에 작가의 내부에 존재하는 혹독한 현실이다. 겉과 속이 일치하는 존재 즉 '한 꺼풀씩 벗겨도 끝없이 드러나는 완전무결한 우둔함과 무지함'(쉼보르스카, 「양파」)을 가지지 않는 한 불가능한 말일지도 모른다. 하지만 그녀의 말처럼 두 번은 없으므로 모두 함께 '일치점'을 찾아보는 수밖에 없을 것이다.

내 친구 왕룽

명작의 반열에 들어 있지만 구시대의 유물처럼 오랫동안 잊고 있었던 책이 있다. 그 책을 다시 발견한 건 서가에서가 아니라 경상도 산골 마을에서다. 펄 벅의 『대지』, 중학교 때 지루한 수업 시간을 피해서 읽었던 기억이 있는 책이다. 누런 종이 냄새와 조악한 활자체 그리고 묘한 대국적인 향수랄까. 펄 벅은 왕룽 일가의 역사를 통해서 땅과 인간의 관계를 보여준다. 1930년대에 발표된 작품이니까 그동안 세기가 바뀌었고 땅도 대지의 개념보다 자본의 개념으로 전락해버렸지만 한 친구의 사과밭에서 다시 만난 것은 꽃피는 봄날의 대지였다. 그를 찾아간 우리 일행은 마치 자신이 고아라는 사실을 잊어버린 빨간 머리 앤처럼 들떠서 사과

꽃 속을 걸어 다녔다. 몸의 한 부분이 상한 그가 도시 생활을 정리하고 시골로 내려갔을 때 우리는 내심 어떤 우려와 안도를 동시에 가지고 있었다. 까마귀가 다스린다는 오지의 그 산골에 대해서 모두 잘 알고 있었으므로 그가 젖과 꿀이 흐르는 대지의 품속으로 돌아갔다고 생각하기는 어려웠다. 농부의 후예로 태어난 그에게 대지는 휴식이 아니라 새로운 격전지일 것이 분명했기 때문이다. 떠났던 땅을 귀소본능의 새처럼 다시 찾아들었을 때 그는 '남의 인생 엿보지 말고 그냥 네 인생을 살아라.'고 귀가 아프게 말하던 아버지의 유언을 떠올렸다고 했다. 그가 일군 비탈이 온통 하얀 사과꽃으로 뒤덮인 풍경 앞에서 그날 우리가 지른 탄성은 풍경에 대한 헌사가 아니라 그의 아버지가 남긴 명작의 서문 같은 그 말에 공감했기 때문이었을 것이다. 헐렁한 바지에 고무줄 멜빵을 한 채 일부러 어눌하게 구사하는 말솜씨까지 그는 이제 완전, 왕릉을 즐기는 대지의 자식처럼 보였다.

가장 정교한 울음

다시 한유의 글들을 읽기 시작했다. 그의 글들은 지금도 여전히 명확한 글쓰기의 길잡이 같다. 한유의 문장들을 두고 명나라 때 모곤은 달마가 서쪽에서 와서 홀로 선종을 연 것에 비유할 수 있다고 극찬했다. 심지어 그가 쓴 묘지명이나 제문 등 비교적 상식적이고 논증적인 글들에도 수작이 존재한다는 것은 특별하다. 청탁을 넣는 편지조차도 뛰어난 문장을 과시해서 원하는 목적을 달성하기도 했다는 것은 그의 글들이 실용적인 부분에서도 문학적이었다는 것을 알 수 있다. '문장이란 반드시 마음속에 무엇인가 차 있어야만 가능한 것이다. 마음이 순정하면 기운이 조화롭고, 성품이 밝은 자는 글에 애매한 부분이 없다.'는 말에서 한

유가 변려문에서 되돌려놓고자 한 것이 무엇인지를 짐작할 수 있다. '왜 글을 쓰는가?'라는 질문을 하다 보면 한유의 글 「송맹동야서送孟東野序」에서 정곡을 찌르는 부분을 발견할 수 있다. 이 글의 중요한 키워드는 울음(鳴)인데 한유는 불평즉명不平則鳴, 즉 평정을 얻지 못할 때 울 수 있는 방법으로 글쓰기를 제시한다. 문장은 가장 정교하게 불평을 해소할 수 있는 울음이자 울림이라는 것이다. 그것은 '마치 새가 소리 내어 봄을 울고, 우레가 소리 내 여름을 울고, 벌레가 소리 내어 가을을 우는' 사물의 이치와 같다고 한다. 글쓰기가 그 대표적인 울음이자 울림이라는 것이다.

사모

사모한다는 것은 집중한다는 것이다. 온 힘을 다해서 안으로 마음을 모은 상태다. 사모한다는 말에는 단수의 외로움이 묻어 있다. 드러낼 수는 없지만 노랗게 끓는 마음이 있다. 전후 독일 폐허 문학의 작가인 볼프강 보르헤르트가 남긴 산문집에는 감방에 혼자 남겨진 남자의 이야기가 나온다. 등 뒤에서 문이 닫히고 나면 목매달 손수건도 없고 동맥을 끊을 칼 한 자루도 없으며 글을 쓸 펜 한 자루 없는 곳에서 그는 자기 자신에게 부르짖는다. '너는 네가 오직 너 자신하고만 남겨진다는 것, 너 자신에게 네가 넘겨진다는 것이 어떤 것인지 아는가?'라고. 그러나 그는 오직 자기 자신에게만 집중할 수밖에 없는 이 기막힌 모험에서 자신

을 새롭게 리셋시킬 만한 대상을 발견한다. 매일 아침 30분씩 도는 교도소 마당에서 우연히 발견한 민들레, 그것은 그에게 사랑의 결핍이 찾아낸 꽃이 아니라 사모의 대상으로써 발견한 꽃이다. 민들레는 목숨을 걸고서라도 지켜야 할 존재, 오로지 혼자만의 노랑, 타인의 간섭 따위는 절대 개입할 수 없는 완벽한 자유, 사모한다는 일이 그렇다.

이해

예술가에게 기계적이라는 말은 오명이지만 반항하고 싶은 말이다. 옹호하자면 반복하는 행위란 얼마나 치열하고 고결한 결심인지. 가끔 바로크나 로코코라는 말을 들으면 메아리처럼 멀리 갔다 다시 돌아오고 싶어진다. 떠났다가 돌아오는 사이 무늬가 생기고 근사한 말들이 흉터처럼 축조된다. 내가 가진 원목 테이블은 시를 닮았고 그것은 생활이라는 패턴 속의 부활과 매우 가깝다. 가끔 시가 뭐예요. 그런 질문을 받게 된다. 뭐라고 대답해야 하나, 대략난감해진다. 시가 시죠. 그렇게 대답하고 싶은데 머리를 굴린다. 예를 들면 아무리 청소기를 세게 돌려도 절대 필터되지 않는 것, 고집 센 이물감 같은 것, 한번 이물이 되면 영원히 이물이 되어 체질이 되는…… 이해한다구요? 네네, 그러셔야죠. 이해오해이해오해 반복하셔야 해요. 그래야 시를 이해하는 거죠. 모든 예술은 프로파간다다라는 말도 꼭 기억하시구요. 얼렁뚱땅 사이비 예술가 같은 말을 늘어놓는다. 휴!

사랑

사랑합시다! 이런 슬로건을 외친다면 계몽주의자에 가깝다. 사실 사랑은 계몽되지 않는다. 사랑은 계획이나 동참이 아니라 서정의 혁명으로 이미 일어나버린 쿠데타에 가깝기 때문에 계몽이라는 과정 자체가 필요 없다. 그렇다고 '사랑합니다'라는 말 역시 결론은 아니다. 대상에 대한 행위를 실천으로 남겨둔 상태다. 이렇듯 결과에 대한 과정의 상태로 다시 돌아와 버린 사랑은 많은 에너지와 기술 따위를 리소스로 삼는다. 때로 사랑의 기술이 사랑의 든든한 자원이 된다는 말을 듣게 된다. 기술이 요령이 아니라 정신이 집약된 노하우라면 사랑은 발명될 수 있을 것이다. 사랑을 오락으로 다루는 방송 프로그램에서 금세 사랑이라는

다큐에 빠지는 커플들을 보게 된다. 사랑의 씨앗이 이기적인 인자를 가졌음에도 사랑할 수 있는 용기, 샐리 호킨스가 주연한 영화 <Maudie(내 사랑)>처럼 사랑은 스스로 사랑을 계몽해 갈 줄 안다. 사랑이 개량되는 시대라도 인류의 마지막 시드처럼 사랑이라는 종자는 사라지지 않는다.

대화용 식탁

두부는
아무
소용없을 것 같은
모서리를
보여주었다.

두부의 흰빛

한낮의 밝음이 사그라들고 사물이 제가 가진 빛을 슬그머니 꺼내놓는 시간이 있다. 이런 저녁은 빛이 물러서면서 사물들에게 무언가를 허락해주는 것 같다. 낮에 사다 둔 두부 한 모가 식탁 위에 덩그러니 있을 때 두부의 흰빛은 더욱 또렷해 보인다. 두부를 힐끗 바라본다. 두부는 외로운가. 무슨 말을 하고 싶은가. 아니면 두부는 이제라도 혼자라는 사실을 즐기고 있는가. 그도 아니면 두부는 누군가 제 앞으로 걸어와 겉과 속이 같은 고해성사라도 바치길 기다리는가. 어둠 속에서 두부의 흰빛을 바라보는 것은 조금 더 다정해지고 싶거나 조금 더 슬퍼지는 일, 두부에게는 마음이 없는데 마음을 주는 일 같다. 두부에게 다가가서 속삭인다. 드디어 너도 모서리를 가졌구나. 모양을 얻었으니 흡족하신가. 물러빠진 네모를 꾹꾹 눌러본다. 두부는 저항을 모른다. 위선과 위악을 모른다. 두부는 여전히 흰빛을 유지하고 있다. 두부는 백치처럼 맹하지만 두부 앞이라면 그 무엇이라도 허락해주고 싶다. 두부는 가까이 두고 싶다.

두부형 인간

두부는 미움받을 구석이 별로 없다. 어느 음식에 끼어들어도 대체로 환영을 받는다. 그렇다고 두부가 남의 자리를 꿰어찰 만큼 경쟁심이 많은 상품도 성품도 아니다. 빈약한 자리를 채워줄 뿐 제 분수나 도리를 넘어서지 않는다. 예를 들면 그냥 김치찌개라 해도 두부가 낄 자리가 있고 두부김치찌개라고 해도 두부가 주인공이 아닐 수도 있다는 것이다. 두부에게는 적당히 어울릴 만큼의 사교성이 있을 뿐 빌런의 느낌이 없다. 약간의 고소함을 빼면 두부의 맛은 소박하다. 튀는 느낌은 없지만 눈여겨보게 되는 사람처럼 두부를 닮은 듯 무심하면서도 미더운 성격을 가진 이들이 있다. 두부같이 넙데데하고 멀건 얼굴로 어느 자리에서나 빙

굿이 웃고 있는 두부형 인간, 그런 사람이 내 주위에 아직도 있다는 건 삶의 영양가가 조금은 남아 있다는 말 같아서 좋다. 쿡쿡 옆구리를 찔러도 잘 받아주는 두부에게 연말이 가기 전에 연락이나 할까. 백반에 찌개 어떠냐고.

두부의 할 말

두부는 할 말을 다 까먹어버렸다. 가슴속까지 새하얀 두부는 여름의 콩밭과 가을의 앞마당과 자루 속에서 보낸 계절들을 기억 속에서 지워버렸다. 백지처럼 깨끗한 표정으로 두부는 뭔가를 되돌려 놓으려는 듯 가끔 죄의 목록을 가진 사람들을 만나러 다녔다. 그래도 두부를 보면 어쩐지 할 말을 꾹꾹 눌러놓은 것처럼 보인다. 어릴 때 심부름으로 두부를 사러 가면 두부 만드는 과정을 쉽게 구경할 수 있었다. 두부는 허연 베보자기에 싸인 채 커다란 돌 아래 가슴을 쥐어짜듯 물기를 짜내고 난 다음에라야 만들어졌다. 두붓집에선 늘 비릿한 콩 냄새가 났는데 두부를 만드는 여러 가지 기구들이 무서운 형틀처럼 보였다. 겨울이 오면 얼음이 서걱거리는 커다란 통속에서 미리 만들어 놓은 두부를 건져 주기도 했지만 두부보다 모서리가 몇 배나 더 날카로운 얼음을 먼저 건져내곤 했다. 얼음장 밑에서 한없이 창백해진 두부는 할 말이 없는 게 아니라 뭔가를 말하려다가 영영 입을 다물어 버린 것처럼 보였다.

두부 때문에

두부의 가장자리를 떼어 입에 넣어 본다. 처음 맛보는 것처럼 눈을 감아본다. 모서리가 가질 수 없는 부드러움이 느껴진다. 온갖 고초를 공정의 과정으로 견딘 식품답지 않게 밋밋하고 수더분한 맛이다. 이게 두부의 결론이었나? 두부의 맛은 꾸밈이 없고 정직하다. 두부의 맛을 느끼려면 그런 두부의 감정에 두루두루 동의해야 한다. 두부는 맛보다 마음을 먼저 청하는 식품인지도 모른다. 사람이나 자리에 따라 별미가 될 수도 있다는 것이 두부의 장점이다. 두부가 있으면 푸근해진다. 두부는 다저녁에 불러도 군말 없이 쪼르르 달려오는 친구 같은 면이 있다. 있으면 좋고 없으면 서운하지만 그런 두부 때문에 실망할 일은 없고 더더욱 그런 두부 때문에 울 일도 없으니 그만하면 서로 사귀기 좋은 형편이 아닐까. 두부는 숙맥이 아니다. 부드러우면서도 반듯하기까지 한 풍모, 선비 같기도 한량 같기도 한 두부는 모두 알고 있다. 내용과 형식을 어떻게 꾸려야 할지. 모두부를 보고 있으면 물컹한 마음을 추스르게 된다.

옥수수범벅 이야기 - 하나

먹어 본 적도 없는 옥수수범벅을 만들게 된 것은 노인의 우연한 권유 때문이다. 노인은 오 일에 한 번씩 열리는 시장 난전에서 곡물을 팔았다. 그는 갖가지 곡물을 구경하고 있는 내게 다짜고짜 옥수수가 든 자루를 보여주었다. 다른 곡물에 밀려난 것처럼 허름한 자루에 작은 진주알 같은 옥수수가 가득 들어 있었다. 껍질을 거피한 옥수수는 노르스름하지 않고 투명한 우윳빛이 돌았다. 새 모이나 사료로 쓰면 좋겠다는 생각이 들었지만 노인의 입에서 옥수수범벅이라는 말이 나왔다. 늘어지고 남루한 자루에서 나온 말같이 들렸지만 산들거리는 옥수수잎처럼 노인의 입가에 생기가 돌았다. 자글해진 눈가와 입 주변의 주름들이 뒤섞인 채 웃고 있는 노인의 얼굴을 보는 순간 범벅이라는 게 어떤 맛을 내는 음식인지 설명해주지 않아도 어렴풋하게 느껴졌다. 먹어본 적도 없는데 그리운 맛이 존재한다는 것은 경험보다 인식이 더 우선한다는 말일까. 문득 범벅을 만들어보고 싶은 생각이 들었다.

옥수수범벅 이야기 – 둘

옥수수범벅에 관심을 보이자 노인은 자신의 말을 귀담아들어 주었다는 생각에 손을 후하게 썼다. 흡족한 표정에 저울의 눈금이 파르르 떨려도 덜어내지 않았다. 노인의 마디진 손이 옥수숫대를 닮았다는 생각이 들었다. 바람과 햇살에 수분이 말라버린 것처럼 건조한 손이었다. 엷어진 초겨울 햇빛 속에서 옥수수 반되가 차르르 소리를 내며 검정 비닐봉지 속으로 떨어졌다. 쌀 보리 콩 같은 곡물이 담길 때와는 다르게 맑게 떨어지는 소리를 냈다. 옥수수밭에 내리던 빗소리 같기도 하고 듣기에 따라 꽤 명랑하고 즐거운 소리 같기도 했다. 옥수수가 든 검정 비닐봉지는 내 손에 이끌려 까딱까딱 흔들리며 나를 따라왔다. 친척집에 가는 아이들처럼 옥수수는 비닐 속에서 서로 까불고 뒹굴고 까르르 웃는 소리를 내는 것 같았다. 여름은 지나갔고 삶은 옥수수가 흔치 않은 계절이었으므로 봉지 속의 옥수수 알맹이들이 방학한 아이들처럼 왁자지껄한 소리를 냈다.

옥수수범벅 이야기 - 셋

노인이 그랬던 것처럼 촤르르 소리를 내며 유리병 속에 옥수수를 부어두었다. 역시 듣기 좋은 소리를 냈다. 당장은 아니지만 곧 범벅을 만드는 날이 올 것이라는 예감이 들었다. 입은 궁금한데 먹고 싶은 것이 없는 날, 뭔가 먹고 싶은데 뭘 먹어야 좋을지 모르겠는 날, 그런 날이 오면 문득 오! 생각난 듯이 옥수수가 있었지 하고 눈을 반짝이게 될 것이다. 그때를 위해서 빤히 보이는 곳에 옥수수가 든 병을 올려두었다. 주방의 선반 위에서 얌전히 기다리는 병 속의 옥수수는 사랑스러워 보였다. 알갱이들이 하얗게 웃던 지난여름의 치아 같았다. 그러고 보면 옥수수 알갱이들은 차마 사라질 수 없는 어느 계절이 남긴 여름의 작은 부스러기들일지도 모른다. 여름을 가진다는 것은 여름의 기억을 가진다는 말이다. 노인이 옥수수범벅을 못내 잊을 수 없는 것처럼 그런 것들은 사라지지 않는 것이다.

옥수수범벅 이야기 - 넷

호박범벅 쑥범벅 고구마범벅 등 죽보다 되게 쑨 음식을 보통 범벅이라고 한다. 범벅이라는 말은 사물이 뒤섞여 갈피를 잡을 수 없을 때 쓰는 말이기도 하지만 음식에 쓰게 되면 혼돈이 아니라 어울림이 된다. 범벅은 최소한 하나 이상의 조합일 때 가능한 말이다. 옥수수범벅에는 옥수수와 함께 팥이 함께 들어간다. 옥수수는 풍부한 전분을 가지고 있어 범벅이 될 수 있는 자질을 충분히 갖추고 있다. 범벅이라는 음식은 서로 다른 재료들을 섞어놓았을 때 겉돌지 않아야 한다. 그러려면 팥과 옥수수는 뭉근한 불의 기운을 견디며 너그러워져야 한다. 바닥이 두꺼운 냄비에 물을 충분히 넣고 불려둔 옥수수와 팥을 센 불에 끓이다가 단짠

단짠한 맛이 살짝 돌도록 설탕과 소금을 넣고 간을 한다. 그다음부터는 낮은 불에서 인내심을 가지고 뜸을 들이듯이 오래 끓이면 요리랄 것도 없는 요리는 끝이 난다. 눋지 않도록 틈틈이 관심을 가지다 보면 옥수수와 팥이 안갯속에 있는 것처럼 느끄름하게 어두워질 때가 온다. 냄비 속이 연자줏빛 노을처럼 그윽해지면 범벅이 완성되었다는 신호다.

옥수수범벅 이야기 - 다섯

개인적인 취향이겠지만 확실히 옥수수범벅은 훌륭한 간식이다. 팥은 은근해지고 옥수수는 오래 불을 견뎠음에도 불구하고 통통하게 제모습을 유지하고 있어서 음식의 모양새가 죽처럼 맹숭하지 않다. 범벅 속의 재료들은 이미 탱천하던 지상의 열기와 함께 태양의 기운을 겪어본 자들이어서 각자 의젓하다. 불길을 견디며 내어줄 것은 내어주고 끌어안을 것은 끌어안고 있는 모습이 온화하고 부드러워 보인다. 착하고 어진 성정이 아니면 범벅의 덕목인 화합과 조화를 실행하기 어렵다. 옥수수범벅은 식어도 찰기가 느껴진다. 땅에서 한기가 스멀스멀 올라오기 시작하는 입동을 지나면 문득 그날이 온 것처럼 범벅을 만드는 사람들이 있을 것이다. 돌아보니 올해도 혼자 지낸 시간들이 많았다. 사람과 섞이는 일을 불편해했고 달가워하지 않았고 그러다가 조금 어두워지기도 했다. 어떤 격렬했던 시간이 다 지나가고 나서야 범벅을 맛본다. 처음 만들어본 범벅을 앞에 두고 누구와 나누지? 사람을 떠올려본다.

오이의 맛

오이는 맛이 아니라 느낌으로 먹는 채소다. 달고 쓰고 시고 맵고 짠 그 어떤 맛에도 종속되지 않는다. 오이는 맛이라는 통속적인 감각을 버린 대신 풋풋함이라는 감정을 가지고 있다. 그러므로 사람들은 밍밍한 오이의 맛을 시원하다거나 상큼하다는 느낌으로 이해한다. 달콤하거나 새콤한 오이는 생각만으로도 고개를 흔들게 된다. 모든 과일과 채소들이 다투어 당도를 높이거나 자신의 체질을 개선하려 할 때 오이는 오직 오이다움으로 자신의 정체성을 보존한다. 심지어 햇빛에 피부가 누렇게 그을리고 비와 바람의 풍상을 다 겪은 노각조차 여릿한 물맛을 그대로 간직하고 있다. 아무리 성숙해도 본성을 바꾸지 않는 모습을 오이에게서 발견할 때 고유함이 무엇이라는 것을 짐작하게 된다. 수분이 많은 오이가 태양의 열매라는 게 신기하다. 온몸이 물기라서 눈물자루라는 별명을 지어주면 잘 어울릴 것 같다.

오이향

채를 썬 오이가 고명으로 살짝 얹힌 음식은 언제나 반갑다. 희미하지만 깔끔한 맛과 향을 선사하는 오이는 자신의 최선이 무엇인지 그리고 그것이 어디까지인지 아는 것 같다. 오이는 향수처럼 자신의 향을 주장하지 않는다. 지나가는 소식처럼 스치듯이 다가왔다가 공기 중으로 사라져버린다. 과하지도 부족하지도 않은 향은 조금 아쉽고 조금 섭섭할 뿐이다. 향을 포로로 잡아두려는 조향사의 입장에서 보면 마땅치 않겠지만 오이향은 깨끗하고 맑은 술처럼 정신을 혼미하게 하는 숙취가 없다. 오이비누 오이샴푸 오이소주 곳곳에서 러브콜이 쏟아졌지만 모두 오래 판매되지는 않았다. 오이의 산뜻한 향을 팔아보겠다는 의욕은 희망 사항에 불과했다. 오이는 향이라는 말 자체를 마음에 두지 않는다. 오이를 좋아하는 사람은 뒤끝이 없을 것 같고, 금방 사라지거나 금방 잊힌다는 것도 꽤 근사한 말 같다.

오이꽃

노랗고 야리야리한 오이꽃을 보고 있으면 기특하다는 생각이 든다. 이제 막 어린 티를 벗어난 것 같은데 어느새 앞섶에 조롱조롱한 열매를 안고 꽃젖을 물리고 있는 모습이 안쓰럽다. 눈길마저 제대로 받아보지 못하고 어미가 되어버린 꽃 같아서 연민이 느껴진다. 한 번도 통통하게 살이 오른 적 없는 꽃잎의 수유는 안색이 노리끼리해질 때까지 이어진다. 꽃잎은 습자지처럼 얇고 창백해지면 버거운 모습으로 매달려 있다가 떨어져 버린다. 채전 울타리에 심어둔 오이는 처음부터 꽃을 보려는 마음이 아니었다는 걸 아는지 해마다 노란 별 모양의 꽃을 피워낸다. 푸르고 긴 넝쿨을 붙들고 더듬더듬 길이라도 나서보려는 아낙처럼 제 앞가림을 시작하고 있는 꽃들이 길고 긴 한여름을 어떻게 견딜지. 청사초롱도 아닌 노란 꽃등이 여기저기 걸리는 계절이 오면 조용히 오이의 식솔이 늘어난다.

오이장아찌

오이는 여름의 기억을 망각한 채 잠들어 있다. 장아찌가 된 오이는 희로애락을 잊은 것처럼 보인다. 탈수, 실신, 요절 삶의 온갖 굴곡과 우여곡절을 겪은 모습이다. 여드름이 잔뜩 돋던 피부는 노리끼리해졌고 볼록하던 뱃가죽도 홀쭉해졌다. 언제나 그렇듯 청춘의 날들이 지나가고 나면 미련과 그리움으로 얼룩진 춘궁의 시절이 닥친다. 장아찌는 지나간 시간을 기억하고 추억하는 음식이다. 그래서인지 절임 음식을 만드는 날은 약간 성스러운 기분이 든다. 싱그럽던 한 시절을 기리는 것처럼 재료를 만지는 손길은 숙연해지고 분위기는 떠들썩해진다. 수많은 장아찌 중에서 유독 오이장아찌에 왜 눈길이 많이 가는 걸까. 순진한 물기가 섬뜩한 염분을 만나서 거듭나는 것, 그런 장면에서는 겹쳐 보이는 것들이 많기 때문이다. 제철 음식이라는 말이 무색해졌다고 해도 절임 음식들은 사라지지 않을 것이다. 아싹거리던 오이가 오도독 씹히면 오이의 뼈마디가 느껴지는 것 같다.

부추전

명절이 아니더라도 부추전은 꼭 헝클어지지 않게 부치는 버릇이 있다. 기름이 자글한 팬 위에 가지런히 부추를 펴놓고 전병이라도 부치는 것처럼 밀가루를 풀칠하듯 얇게 펴 바른다. 그러면 자글자글 비 내리는 소리 따라 부추는 키 높이대로 자라고 전 소쿠리는 한 뙈기 부추밭을 가진 것처럼 흐뭇해지곤 한다. 다른 부산물이 전혀 들어가지 않은 깨끗한 봄 부추전은 사찰 음식 같지만 매우 흡족하다. 이렇게 부친 전은 반드시 맑은 집간장에 찍어 먹는다. 새콤달콤한 초고추장이 부추향을 가리는 건 부추밭에 부는 산들바람을 막는 거와 다를 바 없다. 별거 없는 음식을 별거처럼 즐기는 법은 정말 별거 없음에 있다. 들어가는 재료에 대해 욕심을 줄이고 과정에 성급함을 줄이면 정성에 보답하듯 본연의 맛을 내놓는다. 해마다 봄이 오면 제일 먼저 부추전을 부친다. 겨우내 나빠진 안색을 바로잡아 준다는 파릇한 믿음 때문에.

단무지

단무지에는 소녀 같은 명랑함이 있다. 절인 음식답지 않은 발랄함, 노란색은 싸구려 같지만 화사해서 젓가락이 먼저 나간다. 단무지에는 단무지만이 가지는 가벼움이라는 매력이 있다. 언젠가 단무지를 넣어서 만든 산적을 얻어먹은 적이 있다. 고기나 버섯 같은 재료들 사이에 떡하니 끼워져 있는 단무지의 무례함이라니 산적에 대한 예의가 아닌 것 같아서 못마땅했다. 그러나 당돌한 서울깍쟁이 같은 단무지는 맛의 균형을 훌륭하게 잡아주고 있었다. 빠지면 섭섭하고 있으면 금방 분위기가 전환되는 사람처럼 기름이 도는 음식에 활력과 윤기를 주고 있었다. 축 처진 여름날 유리그릇을 준비하고 얇게 쓴 단무지에 화이트 식초를

뿌려 냉장고에 넣어둔다. 다음날 찬밥에 물을 말고 프리지어 꽃잎 같은 단무지를 한 조각씩 얹어 먹는다. 그것이 여름의 특미라면 고개를 갸웃거리지만 말만 해도 개운해진다.

무조림

밥집에 갔더니 무조림이 나왔다. 몇 가지 모양새 좋은 찬 중에서 모서리를 깎아서 조린 무는 어느 시골 한량의 야심 찬 출품작같이 보였다. 불 위에서 물이 많은 무를 조린 사람은 누굴까. 주방 쪽을 흘깃거리면 도대체 무슨 맛을 내고 싶었던 것입니까라고 묻는 내게 무맛이면 충분하지요라고 단호하게 대답 줄 사람이 있을 것 같다. 분주하면서도 차분한 움직임이 있는 곳이라면 무를 조리기에 더없이 좋겠지. 그런 생각을 하는데 마주 앉은 사람이 무맛이 어떻습니까라고 묻는다. 나는 음, 그러니까 흠흠…… 역시 무맛이네요. 마치 내가 무를 조린 사람처럼 심심하게 말하다가 문득 달콤한 아이스크림이라도 되는 듯 숟가락으로 듬쑥

무조림을 떠서 입으로 가져간다. 사실은 말이죠. 달콤하고 시원하고 바로 넘어가는 순한 맛입니다라고 말하고 싶어진다. 무 속으로 스멀스멀 간이 스미듯 하루가 지나가고 하늘엔 무 닮은 구름이라도 한 덩이 둥실 흘러간다면 더할 나위 없이 좋은 날이다. 갑자기 사는 게 괜찮아질 정도로.

만두

만두는 개봉하지 않은 편지 같다. 내용이 뭐가 되었든 일단 만두는 반갑다. 냉동식품 코너에 가면 만두들이 벌이는 백가쟁명이 들린다. 바야흐로 다양한 만두의 춘추전국시대 그 현장이 오늘날의 만두 시장일까. 잔뜩 집어넣은 내용물을 자랑하는 만두는 속을 열어 보기도 전에 스포일러를 당해 버린 것 같다. 대구에는 나름 유명한 만두가 있다. 일명 납작만두. 전쟁통에 만들어진 보잘것없는 음식이라지만 그렇다고만 할 수는 없다. 반달 모양의 만두피에 고작 얼비치듯 흩뿌려 놓은 부추가 전부라서 풋사랑처럼 어설프고 아쉽다. 하지만 이 속없는 만두는 새빨간 떡볶이 국물과 만나면 세상없이 나긋한 만두가 된다. 납작만두는 만두의 세계에서 살아남을 수 있을까. 아마도! 내 대답은 그렇다. 가장 단순한 것이 궁극의 미식이라 여기는 사람들이 있는 한 사라지지 않을 것 같다. 이제 딤섬 정도는 시시하다. 하가우, 샤오롱바오 등등 분식이라기보다 요리 이름 같은 만두들도 즐비하지만 잊을 수 없는 것은 늘 따로 있다. 김이 우렁차게 나던 만둣가게에는 편의점이 생겼다.

하리보

하리보는 묘하다. 맛보다 촉감이 더 그렇다. 푸딩과 사탕의 중간쯤 되는 질감이 가공된 덩어리라는 걸 잊게 한다. 말랑함 속에 숨겨진 과즙의 맛과 향이 정신을 새콤달콤하게 만들어 갈 때쯤이면 가느다랗게 실눈을 뜨고 생각에 잠기게 된다. 글을 쓰다가 실마리가 안 잡힐 때마다 흡연자가 끽연하듯 한 알씩 집어 먹다 보면 금방 바닥이 보인다. 하리보의 매력은 뭐래도 촉감이다. 글쓰기에서 문장이란 바로 이런 촉감 같은 것이 아닐까. 맛을 느끼기도 전에 피부에 먼저 와닿는 것, 내용을 촉진하는 것은 내용이 아니라 문장의 촉감일 가능성이 크다. 다양한 맛의 하리보들, 사과 복숭아 포도 오렌지 심지어는 콜라 맛까지 별의 별별 내용을 젤리 형태에 담겠다는 의지라니. 시럽이 잔뜩 묻은 것처럼 진득거리지도 않고 그렇다고 무턱대고 부드럽거나 과하게 건조하지 않은 하리보는 내가 말랑말랑한 문장을 불러내고 싶을 때 먹는 마법의 과자다.

김밥

김밥은 야무진 음식이다. 밥알과 재료들이 서로 내밀한 관계를 유지하면서도 뒤섞이지 않는, 독자성이 잘 존중된 음식이다. 샌드위치나 햄버거 같은 음식과 달리 김밥은 시시콜콜한 내용물을 있는 그대로 잘 끌어안고 있으며 마지막 순간까지 화합하려는 자세를 잃지 않는다. 이렇게 똑 부러지는 김밥을 보고 있으면 흐뭇하고 든든한 기분마저 든다. 김 또한 무뚝뚝해 보이지만 오지랖이 넓어서 옆구리가 터지는 걸 마다하지 않는다. 수많은 종류의 김밥이 있지만 김밥의 주인공은 누가 뭐래도 김과 밥이다. 장르를 넘나들며 좋은 글을 쓰는 작가들이 많다. 산문을 쓰든 시를 쓰든 그들이 제각각의 장르를 유지하며 좋은 글을 쓸 수 있는 것은 김과 밥처럼 문학성이라는 공통된 베이스가 항상 깔려 있기 때문이다. 그것이 충실하면 나머지는 부수적이며 장르 간의 융화와 독자성은 저절로 이루어진다. 애써 경계를 짓거나 구분하는 것은 김밥의 입장에서 볼 때 시시한 일이다. 김밥은 미니멀하면서도 멀티한 음식이다. 소설을 쓰는 사람에게도 '강렬한 시적 산문'이라는 말이 로망이듯.

배추

<세를 불려 나감> 가을이면 배추밭에서 통지서가 날아든다. 순식간에 밭뙈기를 장악했다는 소식이 온다. 푸른 물결들이 마당을 가로질러 현관문을 똑똑 두드리고 들어올 것 같다. 퇴색해 가는 풀빛 사이에서 위풍당당한 승리의 푸른 휘장이 너울거린다. 겹겹의 환희, 노란 고갱이 속에서 둥둥둥 승전을 알리는 북소리가 새어 나올 것 같다. 그러나 찬 서리가 내리고 나면 승리의 북소리도 자취를 감춘다. 더 이상 전진할 수 없는 이파리들이 퇴역 장군의 옷깃처럼 시들어간다. 기세등등하게 필승을 외치던 푸른 잎들이 처진 어깨를 추스르며 마지막 각오를 다지듯 이마 위에 누런 머리띠를 두른다. 어느새 전장은 쓸쓸해지고 배추들은

동상처럼 제자리에 오도카니 얼어붙는다. 오와 열을 점검하며 북북서로 날아가는 기러기들의 편대를 바라보기만 한다. 매운바람 속에서 회고하듯 다음, 이 다음 여정은 무엇인가. 무거워진 몸이 기우뚱거린다.

귤

귤에는 남쪽이 묻어 있다. 빨갛지도 노랗지도 않은 주황을 매력적이라고 생각해 본 건 귤 때문이다. 무겁지도 가볍지도 않은 색을 귤빛이라고 하면 될까. 가을이 우중충하게 깊어지면 귤빛은 생기를 띤다. 귤은 겨울의 절망을 모르는 열매 같다. 거리의 좌판 위에서 안색을 밝히는 귤이 알전구처럼 오도마니 앉아 있다. 저물녘 싸늘한 공기와 함께 검은 비닐봉지에 담겨온 귤을 본다. 가라앉아 있던 마음에 불이 켜진다. 화사하고 윤기가 도는 귤을 꺼내며 우울을 모르는 귤이로군. 어디로 굴러가서 썸을 타도 모를 귤이지. 하나에서 두 쪽으로 두 쪽에서 네 쪽으로 사람을 불러 모으기도 하는 귤이야. 귤을 두고 하는 뒷담화에 갑자기 겨울이

견딜 만해진다. 하나의 귤로 열 개의 귤이 되는 꿈을 꾼다. 귤에 코를 박고 킁킁대다가 손에 꼭 쥐어본다. 손이 주황 근처에 제일 먼저 다녀온 것처럼 노랑노랑해질 때까지 귤을 까먹는다. 귤은 껍질을 아무 데나 던져두어도 향기롭다. 그게 은근 질투가 난다.

달다

장이 달다. 물이 달다. 공기가 달다. 이때 달다는 말은 모두 관념적이다. 정직한 감각이 아니라는 점에서 추상적이기까지 하다. 특히 공기가 달다는 말은 언어에 대한 무한 가능성을 유감없이 보여주는 것 같다. 장과 물은 맛볼 수 있지만 공기를 맛본다는 것은 불가능하다. 실체조차 없는 것을 두고 맛이라고 운운하는 걸 언어도단이라 하고 싶지만 언어에게는 언어의 꿈이라는 게 있으니까. 꿈꾸는 말은 현실을 잊게 만든다. 언어 예술이라는 말이 괜한 것은 아니다. 어렸을 때 메주로 담근 장을 뜨는 날이 되면 잔칫집처럼 마당이 북적거렸던 풍경이 떠오른다. 증조할머니의 합죽한 입가에 스치던 웃음, 장이 달다! 쪼글거리던 주름살을

펴지게 하던 감탄은 검은 눈물 같은 간장 앞에서 일종의 탄식 같았지만 모두 일손을 멈추고 손가락을 쪽쪽 빨아보며 고개를 끄덕이던 모습이 눈에 선하다. 그녀들은 모두 짜디짠 현실 너머 뭔가가 있음을 눈치챈 언어의 아티스트들이었다.

나박나박

두툼하게 썬 것은 나박이 아니다. 모양 없이 마음 가는 대로 썬 것도 나박이 아니다. 나박은 모양을 나타내는 말이지만 도마 위를 걸어가는 발자국 소리같이 들린다. 급하지도 느긋하지도 않은 발걸음이 일정한 간격과 리듬을 유지하며 반듯한 모양을 가지는 소리. 나박이라는 말은 시각적이면서도 한껏 청각적이다. 나박으로 썰기에는 어떤 야채보다 무가 잘 어울린다. 나박나박하게 잘 썰어놓은 무를 보면 잘 다린 교복의 깃처럼 규칙을 준수하는 순전한 아름다움이 있다. 가끔 온 집안에 울려 퍼지던 엄마의 도마소리가 그립다. 명랑하면서도 엄한 소리, 잠을 깨우던 부엌은 사라졌고 나의 주방에서는 윙윙 커트기나 분쇄기 돌아가는 소리가 더 자주 난다. 과정을 단축하기에 급급한 요리가 음식에 대한 조급증을 키운다.

밥

가끔 가는 양산도라는 초밥집이 있다. 그곳에 가는 이유는 밥 때문이다. 생선은 평범하지만 밥은 비범하다. 밥을 생선이나 얹는 횟집의 무채 정도로 생각하는 초밥은 질색이다. 내가 좋아하는 식당은 대부분은 밥을 잘 짓는 집들이다. 밥이 좋으면 나머지 소소한 미흡은 흠이 되지 않는다. 이렇게 밥에 대해선 까다롭고 나머지에 대해서 다소 관용적인 태도는 밥이 메인이라는 의식이 있을 때 생긴다. 거리에 나서면 고기와 샐러드와 빵이 메인인 음식점들이 넘친다. 밥의 비중이 점점 줄어들고 있다. 다이어트족들에게 밥은 곧 탄수화물이라는 지탄의 대상이므로 밥심이란 이제 불필요한 에너지가 된 것이다. 그렇지만 몸이 아프면 달라진다.

죽집에 젊은 사람들이 더 자주 들락거리는 걸 본다. 몸에 부담을 주지 않고 에너지를 얻고 싶은 것은 똑같기 때문이다. 몸이 아플 때 내가 최애하는 죽은 흰죽이다. 눈썹처럼 얇은 새우젓 한 종지랑 눈부시게 흰, 쌀죽만 한 약이 없다.

달걀

계란이라는 말과 달걀이라는 말의 어감은 다르다. 인간이라는 말과 사람이라는 말의 느낌이 다른 것처럼. 달걀이라는 말속에는 닭의 태도가 고스란히 스며 있다. 온기, 조심스러움, 연민과 불안 등의 복합적인 감정이 존재한다. 그러니까 달걀이라는 말 속에는 닭이 가진 휴머니티 같은 게 들어 있다. 달걀은 물질이면서 비물질적인 요소를 품고 있는 하나의 존재에 가깝다. 계란은 완성된 제품 같지만 달걀은 미완의 가능성을 가진 미래다. 달걀의 가능성은 스스로 껍질을 깨고 나오려는 능동성에 있다. 그러므로 달걀은 닭의 알이지만 독자적인 달걀이 된다. 달걀을 손에 쥐게 되면 어떤 보호본능 때문에 저절로 손아귀의 힘을 빼게 된다. 어떤 손이라도 달걀을 쥐고 있으면 희한하게 달걀에 꼭 맞는 손이 된다. 달걀을 쥐고 주먹을 불끈 쥐는 손은 없지만 거리에서 달걀을 던지는 손을 본 적이 있다. '달걀은 닭의 영혼이다.'○라는 말 때문일까. 달걀에 맞는다는 것은 돌에 맞는 것보다 더 아픈 일 같다.

○
클라리시 리스펙토르, 배수아 옮김,
『달걀과 닭』, 봄날의책, 2019.

요섹남

무라카미 하루키의 초기 산문 중에 「밸런타인데이와 무말랭이」란 글이 있다. 밸런타인데이에 달콤한 초콜릿 대신 무말랭이 조림을 만드는 장면이 나오는데 하루키는 일찌감치 요섹남이었던 것 같다. 요리하는 자는 누구라도 아름답지만 요리에 진심인 남자들에게는 진보적인 아름다움이 있다고 생각하는 버릇이 있다. 양성이 모두 평등한 시대에 요리를 놓고 성을 구별하는 일은 바람직하지 않다. 그렇다고 여자들이 누대에 걸쳐서 쌓아온 손맛을 포기하는 것도 달가운 일은 아니다. 요리에 애정을 가진 남성이 많아진 요즘 주방의 패권은 은근 남성 쪽으로 넘어간 것 같다. 그들이 여자들의 전유물 속으로 서서히 진격해 들어오고 있을 때 여자들은 마냥 남성들의 우람한 팔뚝에 매달려 수수방관하거나 무기력함을 즐겨도 좋을까. 우리의 여자인 엄마들은 궁정의 요리사처럼 극도의 미각을 추구했던 이들이 아니다. 손맛이란 가족의 특성과 식미를 간파해서 맛을 낸 노하우의 결과물이다. 밸런타인데이에 하루키가 기어코 무말랭이 조림을 만들게 된 것은 본능적으로 끌리는 맛에 대한 기억 때문일 것이다. '기억이 없는 아름다움은 존재할 수 없다'는 아도르노식 입장에 빗대어보자면 요리를 미학으로 즐기는 대부분의 남성들 역시 엄마라는 손맛, 그 기억이 키운 요섹남일 가능성이 크다.

자두

 땅속에서 감자가 영글어갈 때 지상의 나무에선 자두가 익는다. 짧은 봄볕에 잠시 자두가 꽃을 피웠던가. 기억이 가물거린다. 꽃보다 붉은 열매를 꺼내놓는 자두나무의 바지런함이라니. 자두나무에게 봄볕이 어쩌고 떠드는 말은 사치일지도 모른다. 꽃 다음은 열매 그다음은 뿌리 그다음은 다시 잎과 꽃…… 시간의 순서를 따라갈 뿐이다. 어릴 때 살던 옛집에는 아직도 자두나무가 있다. 집을 짓고 허무는 동안에도 베어버리지 않았던 자두나무는 오래된 감나무같이 자라다가 이제 늙어버렸다. (언젠가 포클레인에 올라가 자두를 딴 적도 있다.) 크고 구불텅하게 굽어버린 나무를 바라보며 우리 형제자매들은 혀를 끌끌 찼다. 생에 대한 애착이나 비루함 때문이 아니라 우리에게도 다가올 어떤 연민의 시간을 감지했기 때문이다. 몇 해 전 코로나가 창궐하던 때 미각과 후각이 희미해져서 기력을 잃어가고 있을 즈음 고향에서 보내준 자두 맛은 잊을 수 없다. 당도가 높은 재배용 과일에서는 맛볼 수 없는 야생의 맛, 신맛이 슬쩍 도는 자두는 간절히 기다리던 구호식품같이 입에 감겼다. 물컹한 과육에서는 결코 느낄 수 없는 단단한 맛이 살아있었다.

숟가락

숟가락은 어쩐지 엄마를 닮았다. 모성의 이미지가 아른댄다. 사물의 모습에서 사람의 그림자를 발견할 때가 있다. 젓가락이나 가로등을 보면 아빠의 모습이 연상되는 것처럼. 처음으로 숟가락을 손에 쥐여준 사람은 엄마, 젓가락질을 독려한 사람은 아빠였을 것이다. 숟가락과 젓가락이 나란히 놓여 있는 모습은 언제나 보기 좋다. 완성된 느낌, 다정한 안도감에 다가가 앉고 싶어진다. 수저를 앞에 놓고 있으면 이렇게 긴 건 내가 집을게요. 이렇게 찰랑거리는 건 내가 뜰게요. 달그락거리는 소리가 날 것 같다. 결혼할 때 엄마가 사준 숟가락과 젓가락이 아직도 포장된 채 식기장에 들어 있다. 숟가락 속에 거북이가 그려진 이상하고 투

박한 모양을 탓하며 한 번도 사용해보지 않았다. 예쁘고 날렵한 스푼과 나이프와 포크에 취해서 구닥다리 취급하는 동안 엄마도 아빠도 사라졌다. 살아 있는 동안 수저만큼 곁에 두고 열심히 애용하는 물건이 또 있을까.

사과

사과의 둥긂은 원만보다 원죄에 가까워 보인다. 가을이 깊어질수록 사과의 배는 임부의 것처럼 불러오고 옴팍한 배꼽에 연결되어 있는 꼭지는 탯줄처럼 위태로워진다. 사과는 에덴동산을 떠나온 지 오래되었지만 여전히 둥긂의 세계로부터 속박되어 있다. 사과의 세계에도 대대손손 사과들이 해결하지 못한 카르마가 있을 것이다. 붉으락푸르락 낯빛을 붉히며 살아가게 될 운명이라는 예언도 빗나가고 태풍이 지나간 다음 못난이라고 불리는 사과가 한 박스 배달되어 왔다. 풍우에 시달린 사과는 비바람에 긁힌 상처와 낙과의 흔적들을 몸에 새기고 있었다. 생산을 다 하지 못한 죄책감에 사과의 표정은 더욱 일그러져 보였다. 덜 여문

씨앗을 품고 있는 둥긂이 사과의 무덤 같아서 모른 척 한 입 깨물어보았다. 이 세상 모든 사과들은 이빨 자국을 흉터로 가지게 될 거라는 그 무서운 전언들은 잊어버렸는지 덜 둥긂 그 속에서도 눈부신 속내를 드러냈다.

사물중독자

장미는
이미
빨강이라는
함정에
빠진 것 같다.

물

물은 육안으로 존재하면서도 손에 잡히지 않는다. 공간의 일부를 차지하며 질량을 가진다는 점에서 물질이 분명하지만 묘하게도 비물질적이다. 물은 얼음으로 확고한 모습을 드러내다가 홀연히 공기 중으로 사라져버리기도 한다. 눈은 또 어떤가. 얼음도 물도 아닌 상태의 눈을 보고 있으면 물의 깃털이라고 부르고 싶어진다. 변주와 변화를 통해서 물은 마치 있음과 없음이 하나라는 것을 보여주려는 것같이 변화무쌍하다. 물은 자신의 형상을 고집하지 않음으로써 우리 곁에 영원히 신비로운 물질로 남는다. 아기를 보면 물을 대하는 첫 마음이 그대로 드러난다. 아기는 목욕통 속에서 물을 만져보고 손바닥으로 두드려보고 쥐어보고 탁탁 두드려보기까지 하며 신기해한다. 움켜쥐는 순간 주르륵 손가락 사이로 빠져나가는 물은 시각이 아니라 체험적으로 존재하길 원한다. 마치 실상과 허상으로 가득 찬 물질세계를 아기에게 미리 알려주려는 것처럼 보인다.

쇠

쇠 앞에선 할 말을 잃어버리게 된다. 무언가를 말해 보려다가도 곧 그만두게 된다. 맹세, 언약, 다짐 버들잎 같은 혀로 떠들어봐야 쇠의 견고한 침묵 앞에서는 비웃음거리밖에 안 된다. 쇠는 고집 센 형식론자처럼 한번 포지션을 취하면 변경하거나 취소하지 않는다. 하지만 쇠로 만들어진 온갖 모양의 철물들을 보면 쇠의 본성이 얼마나 부드럽고 너그러운지 의심해 볼 여지가 없다. 전성과 연성이라는 속성을 품고 있으면서도 쉬이 드러내지 않는 쇠붙이 일족은 외강내유하는 기질을 타고났다. 그 덕에 우리가 누리는 문명의 호사는 말로 다 할 수 없을 것이다. 쇠 위에 손을 얹어 본다. 차가울 땐 뼛속까지 차갑다가 따뜻할 땐 거리낌

없이 따뜻한 전도, 쇠에게도 유연한 감수성이 있다. 말을 하지 않을 뿐 기민한 감정이 손끝에 닿는다. 덤덤한 것 같은 쇠붙이에 만상을 꿈꾸는 주물의 피가 흐른다.

돌

 말은 발화되는 순간부터 부과되는 세금이 있다. 그러나 돌은 그런 구설을 모른다. 침묵함으로써 언어에 대한 단 한 푼의 납세의무도 지지 않는다. 돌은 입을 지워버렸지만 돌 속에는 너무 많은 사연들이 들어 있다. 삐죽한 돌 뭉툭한 돌 날카로운 돌 둥근 돌 돌의 언어는 소통과 설득을 위한 기호가 아니라 몸으로 삶의 이력을 증언하는 데 있다. 돌은 함구함으로써 침묵이라는 언어를 가장 적확하게 구사한다. 이상하게 돌을 바라보고 있으면 가슴이 먹먹해지는데 마치 돌의 언변에 넘어간 것 같다. 오로지 침묵만을 요구하는 돌과의 대화에는 어떤 사담도 끼어들 수 없을 만큼 밀도가 높고 단단하다. 돌의 침묵은 몽상가의 것에 가깝다. 꿈꾸는 자들만이 알아들을 수 있다는 걸 인정하면 돌과의 관계는 훨씬 폭넓어진다. 끝없는 수다처럼 돌과의 대화에 가끔 만연체 문장이 등장한다는 것을 누가 알까.

흙

마트에서 화분에 채울 흙을 사 왔다. 배합토라고 적힌 흙에서는 비바람 냄새가 나지 않는다. 퇴적된 시간의 촉감이 없다. 흙이라는 이름만으로도 두근대는 화초들에게 푸석한 배합토를 배급 식품처럼 나누어 주었다. 아무리 모진 환경을 가진 흙이라도 흙에서는 성실한 냄새가 난다. 최선이 느껴진다. 그럼에도 흙은 흙을 토대로 뭔가를 구하려는 사람의 질문에 즉답하지 않는다. 대답을 유보한 채 기다림을 요구한다. 흙은 과정이라는 시간 속에서 결과를 보여주려고 한다. 흙 앞에서 인간의 생멸도 이런 여정으로 수렴된다. 어차피 흙으로 돌아갈 몸이라는 말은 결정론자의 자조적인 말이 아니라 돌아갈 때까지의 과정을 주목하라는 말 같다. 시작이면서 끝이고 끝이면서 시작인 흙은 말문을 여는 꽃봉오리를 꺼내 보여주기도 하고 질문에 대한 대답으로 열매를 내놓기도 한다. 흙이 지구라는 행성의 특산물이라는 말에 공감한다. 점점 흙을 만나기가 어렵다.

불

활활 타오르는 불을 보면 욕망에 흔들리는 마음을 보는 것 같다. 환희에 가득 찬 기쁨 같기도 하고 자멸에 이를 줄 알면서도 멈출 수 없는 분노 같기도 하다. 불을 굳이 불꽃이라고 표현하는 것도 그 때문일까. 불의 꽃이 스러진 자리에 나비처럼 재가 날아다니는 모습을 바라보고 있으면 화려함의 종말, 덧없음의 가벼움, 마음이라는 물질이 남기게 될 찌꺼기까지 그 모든 게 명약관화해진다. 불은 위험하고도 아름답다. 불의 열렬함은 지속 불가능한 데서 온다. 타오름과 동시에 사라짐이라는 비극성은 예술적 속성을 꼭 닮았다. 불에게 반복은 허락되지 않는다. 단 한 번의 절정이 전부인 것처럼 자신을 태워야 하는 것이 예술의 운명일 뿐이다. 봄산에 번지는 진달래도 불이고 우거진 여름의 녹음도 불이다. 가을은 한층 더 노골적이지만 뼛속까지 시린 겨울은 입을 다물게 하는 최고의 불이다. 파블로 네루다는 불을 기리는 노래에서 불이 빵과 화덕을 다 가진 천상의 아버지라고 표현했지만 허공을 배경 삼아 쏘아대는 폭죽과 불꽃들만큼 이내 쓸쓸해지는 놀이가 있을까.

칼

칼은 대리자의 성격이 강한 물건이다. 다루는 이의 마음을 그대로 드러낸다. 칼은 날카로움이라는 비장의 무기를 가지고 있지만 어떻게 쓸 것인지 그 결정권을 사용자에게 넘겨줄 뿐이다. 칼은 스스로 움직이지 않는다. 권한과 권리를 주장하지 않음으로써 칼자루를 쥔 사람에게 사후의 책임을 간단하게 전가해버린다. 그러나 칼은 무딘한 성격을 못 견뎌 한다. 칼날에는 마음을 꿰뚫어 보는 예민한 눈이 붙어 있다. 방심하는 순간 가차 없는 경고를 통해 자신의 위엄을 드러내며 주위를 긴장에 떨게 한다. 칼처럼 뜻이 잘 맞아야 하는 사물이 있을까. 칼은 겨누기도 하는 것이지만 거두기도 하는 것이므로 칼을 쥐고 있는 자는 고뇌하는 자가 될 수밖에 없다. 자르고 깎고 도려내고 소소한 생활에도 칼의 능력을 빌리지 않는 날은 거의 없다. 모든 요리의 절반은 칼의 공덕이며 그 칼을 쥔 사람의 공력이기도 하다.

컵

컵은 정량적이다. 계량의 습성이 몸속 깊이 배어 있다. 때로는 기쁨이나 슬픔 같은 감정도 계량의 대상이 된다. 얼마만큼이라는 말에는 한계가 숨어 있다. 넘칠 때까지 컵에 뭔가를 따라본다. 컵은 용서나 아량을 모른다. 대신 컵은 질서를 따른다. 컵의 관용과 배려는 모자람이나 부족함의 범위 내에서 채워질 뿐이다. 컵은 지나치게 이성적이지만 컵에 입술을 맞추는 순간 뜻밖의 뮤즈가 나타나기도 한다. 글을 쓰거나 대화를 할 때 컵이 옆에 없으면 허전하고 불안하다. 오래전 그리스에 갔을 때 아테네 광장에 있는 기념품점에서 컵을 산 적이 있다. 짙은 녹색이 코팅된 법랑컵이었다. 머그잔치고는 사이즈가 크지 않은 게 마음에 들었지만 지금 그 컵은 가지고 있지 않다. 아마 넘치지도 모자라지도 않은 관계를 유지하고 싶었던 사람에게 선물로 주었던 것 같다. 특별히 살 게 없으면 여행지에서 컵을 사게 된다. 들뜬 여행이 끝나면 냉정한 컵이 남는다. 컵에 입술을 맞추며 생활이라는 질서를 되찾는다.

유리

값싼 유리그릇을 바라보고 있으면 슬퍼진다. 모래 위에 쌓은 성처럼 화려함은 허망해지고 쓸쓸한 느낌이 든다. 금방 사라지고 말 유리라는 허영, 그것은 자잘한 충격에도 쉽게 깨지고 말 것 같다. 유리는 투명을 얻기 위해 영원을 포기한 것처럼 해맑은 표정을 가졌지만 불안함을 감출 수 없다. 그럴 때마다 신경이 예민한 숙녀처럼 유리의 낯빛은 더욱 창백해지고 목소리는 날카로워진다. 유리는 도기나 토기와 달리 상처를 못 견딘다. 가까이 다가가면 비명이 들릴 것 같다. 그런 유리에게만 유독 작은 실금 하나에도 파국을 선고하는 까탈을 부리게 된다. 유리에게 관용은 어울리지 않는 말이다. 시스루를 걸친 것처럼 속이 훤히 비치는 유리는 어떤 내용도 숨기지 않지만 내구성을 의심받기 좋다. 투명한 것으로 사랑받을 것인지 강인한 것으로 신뢰를 얻을 것인지 그런 것이 유리의 선택은 아니겠지만 빛나고 반짝이는 것일수록 허술하면 천박해 보인다. 질그릇이 소박함으로 아름다움을 얻듯 유리는 견고함으로 투명함을 시험받기도 한다.

거울

무조건적인 신뢰를 요구하는 것처럼 거울은 일방적이다. 그리고 침묵한다. 줄기차게 보여주기만 함으로써 모든 이견이나 사설을 잠재울 수 있다는 오만함이 거울에는 있다. '자, 네 눈으로 똑똑히 봐. 네가 누군지.' 그렇게 말하는 것 같지만 나는 내 눈으로 나를 직접 바라본 적이 없다. 열 살쯤 되었을 때 마루 끝에 앉아서 거울을 보고 있었다. 거울 속의 아이가 정말 나일까 하는 의심이 들기 시작했다. 내 눈으로는 직접 내 얼굴을 볼 수 없다니! 그때 내 눈으로 내 손과 팔다리를 볼 수 있지만 얼굴만은, 얼굴만은 거울이나 다른 사람의 눈을 빌리지 않고는 볼 수 없다는 사실을 인정해야 할 순간이 온 것이다. 사람들은 왜 거리낌 없이

거울을 믿는 걸까. 답답해서 데굴데굴 구르고 싶었던 그 순간을 누구에게도 말할 수 없었다. 그것이 상식이라는 것과 아무도 이의를 제기하지 않는다는 것을 알았으니까. 내가 아닌 타자의 눈을 통해서 내 모습을 알 수 있다는 거울의 전언, 그 사실이 못마땅해서 지금도 사각지대 어딘가에 진짜 내가 있다는 생각을 한다.

모래

비가 오면 모래도 자란다. 학교 운동장에서 맨발 걷기를 하면서 이 사실을 알았다. 비를 머금은 모래알들은 평소보다 조금 통통해진 모습으로 까치발을 살짝살짝 들고 있다. 무슨 설레는 일이 있는지 사뭇 들뜬 표정들이다. 비를 좋아하는 이유 중의 하나가 평소보다 사물에 대한 감각을 선명하게 느끼게 해 준다는 것이다. 비가 오면 사람들이 사라져 버린 운동장에서 우산을 받쳐 들고 모래를 밟는 일도 즐겁다. 우산 속에서 모래 한 알과 나, 나와 모래 한 알을 생각한다. 모래는 개인인가, 집단인가. 손가락 사이를 빠져나가는 모래를 보고 있으면 이상하게 노여움 같은 감정이 사라진다. 결심도 사라진다. 모래는 어떻게 투명함과 반짝임을 얻었는가. 모래는 아직도 콘크리트의 불멸을 꿈꾸는가. 만항하사萬恒河沙, 끝없이 이어지는 만사도 모래알같이 흩어지는 날이 오겠지. 탈탈 털어냈다고 생각했던 모래 몇 알이 바짓가랑이에 묻어 끈질기게 따라온다.

이불

한여름에도 이불을 목까지 채우고 나서야 잠이 든다. 명품 가방 신발 액세서리에는 무심하지만 의외로 이불에 대한 애정은 깊다. 침대는 가구가 아니라 과학이라고 외치듯 이불은 천 쪼가리가 아니라 밤에 걸치는 옷이라고 말하고 싶어진다. 아무리 실내 온도가 따뜻해도 이불이 없다면 벌거벗은 것처럼 허전하다. 이불은 내게 의식과 무의식 사이에 드리워진 발처럼 요긴한 물건이며 알라딘의 담요처럼 덮고 있으면 가뿐하게 다른 세계로 건너갈 수 있는 소중한 존재다. 여행을 할 때면 이불은 그 어떤 숙박시설보다 나에게 중요한 인상을 남긴다. 부대시설에 대한 사항은 친절하게 안내되어있지만 왜 이불(소재라든가)에 대한 안내는 없는지 불만이다. 세탁만을 고려한 것처럼 거칠고 뻣뻣한 침구를 쓰는 숙소는 늘 여행자라는 점을 상기시켜 주곤 한다. 이불을 일컫는 야금夜衾이라는 글자에는 옷의 자가 들어 있다. 밤은 온갖 꿈이 펼쳐지는 무대다. 옷이 날개라는 말이 있듯 이불은 꿈의 날개다.

침대

그는 매우 믿을 만하다. 나의 최측근이다. 그는 나의 매너 없는 태도에 대해서 언제나 아무 대가 없는 포용력을 발휘한다. 그에게는 유감이라는 단어가 없다. 그는 받아들임이라는 관용을 실천하고 이해할 뿐 아니라 상대방의 복잡다단함과 곤고함에 대해 한결같이 침묵을 유지할 줄 안다. 그런 점에서 그는 사물이면서 사물을 뛰어넘는 훌륭한 조력자의 자질을 갖추었다. 주간의 모든 활동은 그가 충전해준 위로의 시간들에게 빚지고 있다. 그는 언제나 베이스에만 충실한 덤덤한 얼굴로 나를 기다려 준다. 아침마다 그에게로 돌아오기 위해서 떠난다. 사물중독이라는 말도 있나, 곰곰 생각해 본다. 여행이라도 가게 되면 그의 부재가 더욱 불편하고 아쉽다. 적과의 동침이라도 하듯 낯선 침대 속에서는 속마음을 숨기게 된다. 스마트폰으로 글을 쓰는 시간이 늘어나면서 그에 대한 애착은 더 깊어졌다. 요람에서 무덤까지가 아니라 침대에서 침대까지가 이번 생일까.

피아노

나는 피아노를 칠 줄 모른다. 건반 위에 손을 올려놓고 있으면 미치도록 답답한 적도 있었지만 앞으로도 치지 않을 것이다. 손은 건반에 대한 기대를 건반은 손에 대한 욕망을 모르는 척 먼지 앉은 피아노 뚜껑을 열어본다. 서로에게 완벽할 정도로 무지하면 불협화음이 있을 수 없는 것처럼 아무 건반이나 눌러본다. 백치 같은 손을 무용지물이라고 비난하는 저 피아노를 나는 사랑할 마음이 있는가. 뚜껑을 열어볼 때마다 스스로에게 묻는다. 손에는 간섭이라는 악보가 없고 피아노 역시 희고 검은 것에 구애되지 않는 것처럼 잠잠하다. 아쿠타가와 류노스케의 산문에 대지진 후 명아주 풀밭에 버려진 피아노 이야기가 나온다. 아무도 연주하는 사람이 없는 풀밭에서 피아노가 스스로 간직해 온 소리를 듣던 류노스케의 글을 떠올린다. 가끔 쓰지 않는 방문을 열어보듯 아이가 치던 피아노 뚜껑을 열어본다. 안녕. 나의 인사는 피아노에게 하는 것이 아니라 내 마음에게 하는 것인지도 모른다. 명아주 풀밭의 피아노처럼 어느 날 어떤 소리가 스스로 찾아오길 기다리면서.

반지

사람들은 오래전부터 원의 의미에 매료되어 왔다. 원에는 아무리 멀리 떠나도 돌아오게 되는 자기장이 있다. 반지를 언약의 증표로 삼는 사람들은 원의 성질을 사랑의 원리로 받아들인다. 사랑에 빠진 사람들의 입장에서 시작과 끝이 일치하는 원의 질서는 매력적이겠지만 오랫동안 반지가 끼워져 있는 손가락을 보면 무척 답답해 보인다. 어느 나라의 전족 이야기처럼 사랑이라는 환상 속에 감금되어 있는 기분이 드는 것은 지나친 마음일까. 그것은 혹시 원에 대한 습관적인 호의나 상징 탓이 아닐까. 원만이라는 글자의 만에는 가득 차다는 의미와 함께 번민하다는 뜻도 있다는 건 신기하다. 손가락에 자물쇠처럼 끼워 넣은 반지가 영원

토록 풀리지 않길 염원하는 사람들은 원을 끝까지 믿는 사람들이지만 던져버린 열쇠가 이 우주 어디에서 떠돌아다닐 것 같다. 사랑의 행로가 둥긂으로만 연결될 수 있다는 것도 어쩐지 마뜩지 않다.

장미

붉은 장미 꽃잎은 입술을 떠올리게 한다. 볼륨과 촉감 향기마저도 입체적이다. 입술을 열면 당장이라도 애증의 말이 쏟아져 나올 것 같지만 붉다 못해 시커멓게 타들어 가는 꽃잎은 곧 낙엽처럼 흘러내릴 것이다. 여름이 시작되기도 전에 마무리되는 장미의 열애에 대해서 물어보려고 골목을 서성인다. 장미는 새빨간 말을 쥐고 있는 가시들과 뒤엉켜서 환락의 긴 머리채를 담장 밖으로 늘어뜨려 놓고 있다. 장미의 빨강은 지나치게 외향적이다. 걷잡을 수 없는 도화선처럼 자기 자신을 불구덩이 속으로 뛰어들게 한다. 그런 것이 장미의 연애라면 장미는 아무래도 빨강이라는 함정에 빠진 것 같다. 담장 위의 고양이가 장미를 따라가며 질문을 퍼붓는다. 언제부터였습니까, 후회하지 않습니까, 인정합니까…… 장미를 심문하는 것처럼 수염을 바짝 세운다. 사랑의 증거로 향기가 돌아다닌다지만 야옹거릴 때마다 멍이 든 입술이 떨어져 내린다.

서리

밤사이 서리가 내렸다. 서리는 맑고 바람 없는 밤을 가져야만 허공에 떠도는 물을 지상으로 데려올 수 있다. 서리는 물의 무거움을 달가워하지 않을 뿐만 아니라 눈의 가벼움이나 비의 복잡함도 사양한다. 무대 위의 발레리나처럼 가벼운 착지로 겨울을 인도하고 나서 홀연히 떠나버린다. 서리는 사물을 방해하지 않는다. 지상의 이마에 덮어놓은 미사포처럼 잠깐 얼비치다가 사라지기 일쑤다. 이른 아침이나 그늘진 곳이 아니면 서리를 만나기 어렵다. 쨍하게 다가서는 햇빛 속에서 서리는 순식간에 증발하는 기쁨을 아는 것 같다. 시든 잔디 위에 앉은 서리는 반짝임마저 수줍어 보이는 모습이다. 추상같다던 서릿발의 모습은 보이지 않고 금방이라도 날아가 버리고 말 새의 깃털을 닮았다. 서리가 내리면 기류가 확연히 뒤바뀌는 서늘함, 무슨 까닭인지 서리가 내릴 무렵의 황국은 더 샛노랗다.

연못

발길이 뚝 끊어진 겨울 연못은 황성의 옛터같이 적막하다. 문전성시를 이루었던 푸른 연잎은 물 위의 누옥이 되었고 꽃을 비추던 월색은 허약해지고 말았다. 고꾸라지듯 물속에 고개를 처박고 있는 마른 대궁이들은 해독할 수 없는 고대의 문자를 닮았다. 연못은 원래의 원본으로 돌아간 것 같다. 수런거리던 여름의 언어들은 꽃이었다가 잎이었다가 바람이었다가 헤아릴 수 없는 문장으로 결론이 났다. 몰락한 왕국의 유산처럼 쇠잔한 글자들 사이 오리가 헤엄치고 있다. 머잖아 연못은 그마저 부질없다는 듯 얼어붙을 것이다. 돌아보면 꽃을 피워내던 연못도 그 꽃을 보려고 들락거리던 발걸음도 푸른 잎을 난장으로 헤집어놓던 바람도

어떤 이해를 구하려고 만나진 않았을 것이다. 이심이 꼭 전심일 필요도 없을 것이다. 각자의 방식대로 꽁꽁 얼어붙은 얼음 위로 누군가 돌을 던질 것이고 누군가 봄이 오길 기다릴 것이다.

바다

바다는 단정하다. 늘 한결같은 모습이다. 바다의 미니멀함에는 너머라는 아득함이 있다. 바다는 모든 논란을 수평적 단순함으로 건사하는 태도를 취한다. 바다는 정과 치를 배우는 왕자와 같이 의젓하다. 가까이 가면 언제나 소란스럽지만 깊고 푸른 심연을 의심할 수 없다. 그런 바다에 가면 첫마디가 늘 똑같다. '바다다!' 놀람과 감탄으로 소리친다. 산행에는 오르막이라는 도입부가 있고 내리막이라는 결론이 있다. 그 과정에 경험하게 되는 숨 고르기 때문일까. 산은 느닷없이 불쑥 나타났다가 사라져버리는 바다와 달리 즉흥적인 감탄이 쏟아지지 않는다. 바다는 전망을 포기한 대신 깊이를 가졌고, 수평을 선택한 대신 해변이라는 감정을 가졌다. 바다를 좋아한다는 것은 눈에 보이지 않는 막연함을 사랑하는 것이다. 바다에 가면 먼 곳으로 시선을 던지다가 해변의 곡선에 취한 듯 즐비한 카페의 이름부터 훑어보게 된다. '바다다' 이런 싱거운 이름은 아직 발견하지 못했다.

5

현실을 여행하는 생활자

먼지는
작은 기침에도
예민하게
날아올랐다.

하늘

하늘을 바라보고 있으면 무한을 느끼게 된다. 시간도 공간도 소용없는 미지, 하늘은 움켜쥐고 있던 마음을 스르르 놓아버리게 한다. 하늘의 무한함은 원인과 결과를 추궁하는 인간의 루틴을 세속적인 것으로 만들어버린다. 무한은 체험의 영역이지 설명하기 곤란한 개념이다. 수학에서는 무한이 가장 큰 난제였으므로 독일의 천재 수학자 가우스는 무한을 정면으로 보지 말라고 했다. 수학자이기를 포기하고 신학자가 된 칸토어 역시 무한 그 자체를 신이라고 보았다. 오직 신만이 그런 절대적 무한을 가질 수 있다는 말은 인간에 대한 한계와 초라함을 상기시켜 준다. 인간은 무한의 비밀을 알 수 없고 그 불가해함의 영역을 신비나 숭고

함으로 받아들일 뿐이지만 인간에게는 그런 무한마저 내면으로 사유私有할 수 있는 정신이 있다. 인간이라는 비좁은 땅에 경작할 수 있는 정신의 끝없음, 그 속에 하늘의 무궁함이 있다면 무한은 우리를 유한에서 구원할 수 있을지도 모른다.

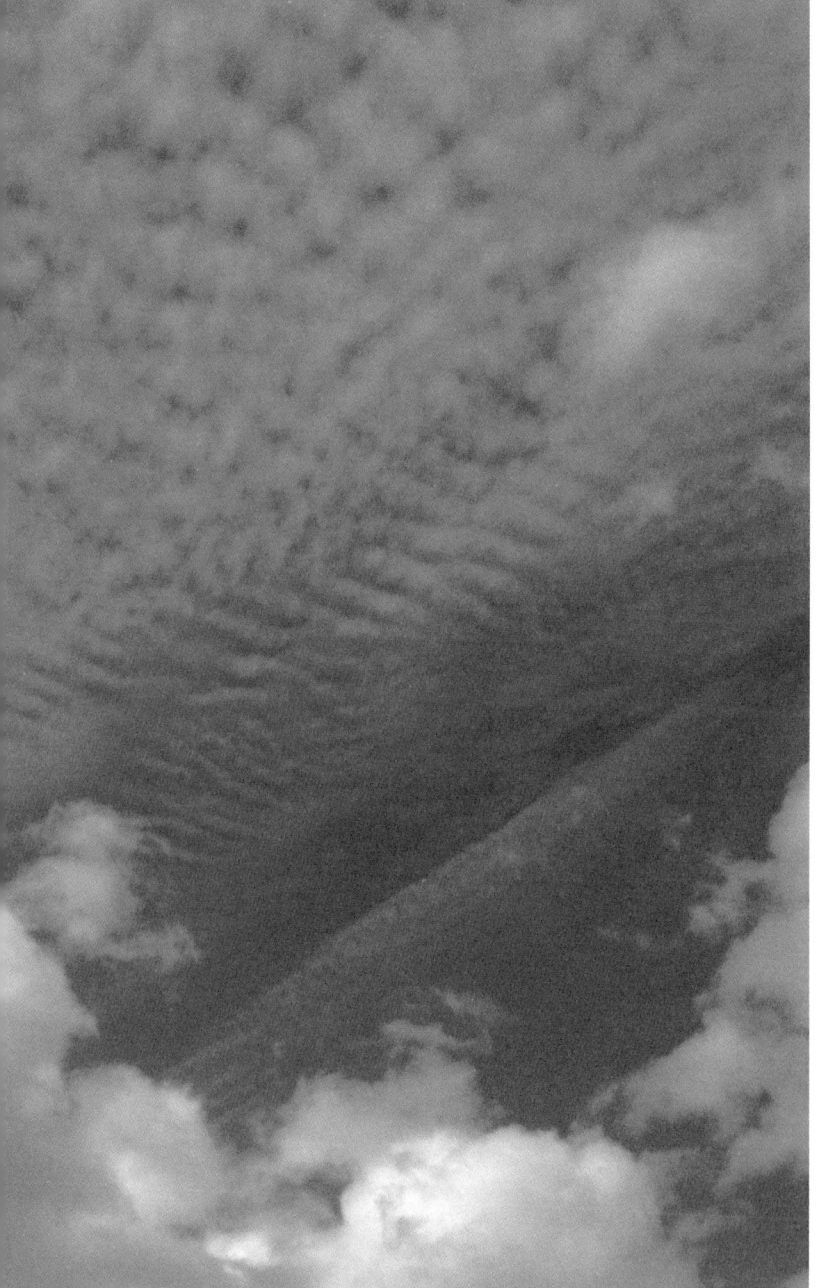

망했다!

어떤 상황에 봉착해서 '망했다!'라고 스스로에게 말할 때가 있다. 굳이 이 험한 말을 입 밖으로 꺼내서 확인까지 해보는 심사는 뭘까. 망했다는 사실에 쐐기를 박는 순간 망함은 망해감이라는 진행에서 멈추기 때문일까. '망했다'는 인식은 자기 자신에게 알리는 통보다. 어느 순간 맞닥뜨린 진실과의 대면, '망했다'는 탄식보다 마침내 깨우침에 다다른 자의 놀람에 가깝다. 그것은 까마귀가 꺅, 하고 떨어트린 울음처럼 되돌릴 수 없는 것이기도 하지만 '망했다'는 자각은 선명하고 후련한 결말이기도 하다. '마치 아무 일도 없었다는 듯 / 까마귀가 / 버드나무 위에'라고 쓴 바쇼의 시처럼 까악(망했다!) 울면서도 태연할 수 있다면 그것이 삶을 이어갈 수 있는 태도라면 '망했다'라는 말도 호들갑일지 모른다. 진짜 망한 사람은 그 말조차도 꺼낼 기운이 없을 테니. 그러니 까마귀가 볼 때 망했다는 말도 소음일 수 있겠다.

눈사람

눈사람은 미니멀리스트다. 두 개의 덩어리만으로도 사람의 형상을 이룬다. 피 한 방울 흘리지 않고 사람의 명성을 가졌을 뿐만 아니라 생과 사의 유한함까지 압축해서 보여준다. 환희에서 시작해서 안타까움으로 끝이 나고 마는 눈사람의 탄생과 소멸은 케이크 위에 남은 초처럼 쓸쓸하다. 쏟아지는 햇빛을 피하지 못하고 눈사람이 녹는 걸 본다. 사라짐에 대해서 눈사람은 말이 없다. 처음부터 말은 가져본 적이 없다는 듯 그래서 사람이 붙여준 입 따위는 필요 없다는 듯 시종일관 무언의 상태를 유지하고 있다. 한 줌 뼛가루도 남기지 않고 사라지는 눈사람의 최후는 후회가 없는 것처럼 깨끗하다. 따지고 보면 눈사람과 사람 모두 시간의 언더독들이다. 빛 속에 오래 머물 수 없는 예정된 패배자들이다. 눈사람과 나란히 응답의 부족처럼 서 있으면 말이 사라진다. 언어가 세계를 그림처럼 보여 준다지만 그림이 이 세계일 리도 없다.

냉장고

냉동실은 대피소 같다. 거처를 떠나온 피난민들이 잔뜩 모여 웅크리고 있다. 흡사 극지를 방불케 하는 모습이다. 다래순 가지말랭이 생선 호박오가리 고기 떡 과자 이름도 출처도 흐릿한 기타 등등이 디아스포라의 망령들처럼 꽁꽁 언 채로 들어 있다. 미래에 닥칠 재난의 한 장면처럼 냉장고 문을 열 때마다 흘러나오는 불빛이 조난 신호를 보낸다. 토굴보다 더 음산한 얼음굴에서 포로가 된 먹거리들이 구조의 손길을 간절히 기다려보지만 맨 앞줄이 아니면 소용없다. 마지못해 민생을 살피는 게으른 관리처럼 냉장고 속을 들여다보다가 쿵 문을 닫아버린다. 냉동주의자에게는 뭐든지 동결하는 버릇이 있으므로 나라님도 구제하지 못할 냉장고 속의 이민자들에게 유예기한을 마구잡이로 늘려준다. 과하고 과하도다! 뒷짐지고 돌아다니다가 얼음을 꺼내 뽀드득 씹어본다. 아, 맛있다. 게으름이 얼마나 달콤한지 외친다.

형식

우리는 각자의 사정에 맞게 삶의 내용을 커버하며 살아간다. 이때 내용은 삶을 수습하는 형식에 의해 윤곽을 드러내게 된다. 마치 글쓰기처럼 삶과 문학은 서로 빗대어보기에 좋은 면이 있다. 형식이라는 단어와 친분을 쌓을 수 없는 게 문학적 태도이기는 하지만 한편으로는 끈질기게 형식을 요구하는 게 문학이기도 하다. 사람이 신이 아닌 이상 삶의 내용을 마음대로 바꾸는 건 어렵겠지만 형식이라면 다르다. 각자의 형편에 맞게 삶의 스타일을 만들 수는 있을 것이다. 형식이 우리의 삶을 구속할 것 같지만 스타일이 있다는 것은 매력적인 일이다. 내용과 형식이 서로 삐걱댈 때마다 삶의 스타일을 돌아보게 된다. 가능한 한 장식적인 것에서 멀어질 것, 외피에 연연하지 말 것, 좀 더 시크하고 하드보일드해질 것, 사적인 감정을 공적인 것처럼 담담하게 처리할 것, 비개인적 시점을 자주 취할 것, 자극적 갈등과 감정적 묘사는 피할 것. 등등. 어떤 태도를 취하며 살아갈 것인가 하는 문제는 스스로 선택할 수 있다. 결국 이런 선택적 취향이 삶의 내용을 꾸려가게 될 것이다.

먼지

밤의 이마에 먼지가 도착했다. 먼지들은 스탠드 불빛 속에서 자신들의 현란함을 공개하듯 스포트라이트를 받고 있다. 쉼 없이 풀썩거렸을 낮 동안의 피로는 상관없다는 듯 온통 분주하다. 먼지는 가장 먼저 일어서고 가장 늦게 눕는 자, 거실에서 우주까지˚ 모든 공간을 차지해버린 지배자, 얼굴을 숨긴 채 조용히 기원을 설명하는 은둔자다. 먼지는 소수가 아니라 이 세계의 주류로서 비주류인 척 연기하고 있을 뿐이다. 먼지들은 언제나 깨어날 준비가 되어 있다. 먼지는 아무래도 김수영의 눈을 닮았다. '눈은 살아 있다 / 눈은 새벽이 지나도록 살아 있다 / 젊은 시인이여 기침을 하자.'(김수영, 「눈」) 먼지는 작은 기침에도 예민하게 날아오르며 혁명을 꿈꾸는 자의 분신 같다. 먼지는 밤마다 반란군의 야합처럼 은밀하게 움직인다. 그러니까 먼지는 눈처럼 죽은 것이 아니다. 살아 있는 것이다. 혈육처럼 먼지가 떠도는 밤이다. 눈이 내리면 좋겠다는 생각을 해본다. 육체를 마모시키는 시간의 계략 속에서 살과 뼈가 없는 가벼움을 부러워해 본다.

○
요제프 셰파흐, 장혜경 옮김,
『먼지: 거실에서 우주까지 먼지의 작은 역사』, 에코리브르, 2024.

조깅

산책에 가까운 조깅을 시작했다. 아침마다 심장이 내는 원음을 듣는다. 쿵, 쾅, 쿵, 쾅 소리와 함께 뛴다. 달리기는 박자에 의지해 한 걸음씩 앞으로 나아간다. 발걸음엔 어느새 리듬이 실리고 박자는 주자에게 독려한다. 왼발과 오른발의 조화와 전진을 그리고 단순 반복의 은혜로움을 강조한다. 그리곤 어느 순간 불쑥 목적지를 눈앞에 데려다 놓는다. 달리기는 단순한 동작이지만 발걸음을 떼는 것만으로도 자신만의 여행을 떠나는 기분이 들게 한다. 같은 길을 뛰어도 다른 설렘이 있는 것은 마음이 함께 달리기 때문이다. 하루를 달리기로 시작하는 것은 또 다른 러닝 타임 속으로 들어가기 위한 예비운동 같은 것이다. 쿵쾅거리던 심장의 박동, 생의 활기가 일상의 내재율로 스며들 때 그것을 생활이라고 말할 수 있겠다.

욕망의 추

가끔 열정이 얼마나 징그러운 감정인지 소스라칠 때가 있다. 열정은 신발 바닥에 끝까지 달라붙어 떨어지지 않는 껌처럼 집요하게 시간을 간섭해 대는 구석이 있다. 그렇게 쉼 없이 몰아붙이는 감정의 정체가 열정인지 욕망인지 의심스러울 때가 있다. 과한 욕망의 아름다운 포장이 열정이라면 열정 또한 언젠가 욕망의 임계점에 다다를 때가 올 것이다. 열정 없이 겨울 살기를 모토로 삼은 적이 있었다. 꽃도 잎도 모른 척하는 나무처럼 하던 일을 손에서 놓고 글도 쓰지 않고 빈둥거렸다. 그렇다고 그 겨울이 완벽하게 무채색이었다고 할 수는 없다. 분명 겨울나무의 발가락을 간질거리게 하는 흙의 칭얼거림을 듣기도 했으니까. 열정

도 욕망도 성가신 감정이지만 생을 합리적으로 추동해 나아가게 하는 원동력이라는 점에는 이견이 없다. 열정이란 추한 것과 아름다운 것 사이에 존재하는 시간의 추를 그 어느 지점으로 옮겨놓는 작업일 것이다.

잠

의식의 촛불을 끄고 밤은 잠을 초대한다. 잠은 까다로운 손님이어서 좀처럼 초대에 응하지 않는다. 어둠의 제국이 열리면 눈과 귀를 닫고 의식의 창을 닫아야만 한다. 빛과 소리의 건너편에서 기다리는 무의식을 향해 선뜻 다가가지 못하고 머뭇거린다. 한밤중에 깨어나 불 꺼진 아파트 창을 보고 있으면 모두가 떠나버린 세계에 혼자 남아 있는 것 같다. 신이 사람들을 데리고 어디론가 가버린 것 같은 소외감에 무대에 미련이 남아서 블랙아웃을 거부하는 배우처럼 서성이게 된다. 단박에 잠이 드는 사람은 믿음이 강하거나 케세라세라, 이 세계에 미련 없이 쿨하게 떠날 수 있는 사람 같다. 내 잠은 뿌리가 얕아서 바람만 스쳐도 흔들리고 의식의 나뭇잎들을 낱낱이 헤아린다. 밤이 되면 잠의 관문을 통과하려고 어둠 속에서 긴 줄을 선다. 빛에 오염된 낮 동안의 의식을 검열받는다. 호박꽃 속에 갇혀서 영영 나오지 못하는 벌처럼 잠들고 싶을 때가 있다.

추앙

예스만 있고 노가 없는 사회는 위험하다. 사회나 조직이 개인보다 우선할 권리는 없다. 그럼에도 어떤 시스템 속에서 분명하게 노를 하지 못해서 후회했던 적이 많다. 돌아서면서 노, 노, 노 연신 고개를 흔들지만 그것은 혼잣말일 뿐이었다. 허먼 멜빌이 쓴 소설『필경사 바틀비』에는 '안 하는 편을 선택하겠습니다.'를 끊임없이 외치는 바틀비가 나온다. '노'라는 단순부정어와는 다른 '선택'이라는 말을 사용함으로써 갑을 관계가 지배하는 사회적 윤리와는 아무 상관도 없다는 듯 바틀비는 자신의 의지를 분명하게 드러낸다. 언젠가 시청한 <나의 해방일지>라는 드라마에 나오는 구 씨와 바틀비가 겹쳐 보인다. 삶의 밑바닥까지 의욕을 상실한 구 씨에게 그의 연인 염미정이 상식적인 삶을 독려하는 대신 종종 해 주던 말이 기억난다. 당신을 '추앙합니다!' 실존의 위기에 처한 바틀비에게 그 누구도 들려주지 않았던 말이다. 추앙이라는 말은 조건과 상황을 넘어서는 말이다. 어떤 선택을 하든 찐 진심에서만 나올 수 있는 지지자의 말이다.

산책

마을 언저리에는 크지 않은 호수가 있다. 새벽 호수는 희끄무레한 어둠에 싸여 있는 둥그런 접시 같다. 동틀 무렵이면 호수는 여명으로 어둠을 닦아내고 접시 위에 반짝이는 햇살을 금박으로 입혀놓는다. 덤불 속에서 밤을 보낸 새들이 날아오르면 한결 가벼워진 허공이 호수를 들여다본다. 여전히 어지럽게 출렁거리는 물결들이 빼곡하다. 이쪽에서 바람이 불어오면 저쪽에서 받아쓰는 쉼 없는 물의 필체를 수면 위의 응수체라고 이름을 붙여본다. 호수는 서책이나 활자 따위에 관심이 없다. 지워버리면 그만일 낙서 같은 글씨들을 빈틈없이 써놓고도 단 한 번도 시끄러운 적이 없다. 호수에 가면 물결을 너끈히 껴안은 둘레가 있고 그 둘

레를 따라 저마다의 물결, 그 시시비비에서 멀어지려고 새벽마다 산책하는 사람들이 있다. 산책이 끝나면 가지고 온 접시를 닦기라도 한 것처럼 말간 얼굴로 돌아가는 이들이 있다.

이모티콘

이모티콘은 기성품이다. 그때그때 꺼내 쓰기만 하면 된다. 성급한 사람들은 누군가 대신 지어놓은 즉석밥처럼 감정의 대용품을 소비한다. 이모티콘에는 좋다 슬프다 우울하다 기쁘다 등 감정에 대한 단순한 정보만 드러날 뿐 언제 끓고 어떻게 뜸이 들었는지는 상관하지 않는다. 대화라는 상위에 살짝 올려놓기만 하면 되니까 이모티콘은 과정을 밝히지 않는 인스턴트 식품 같다. 이모티콘으로 차려진 대화는 성의가 없는 것처럼 느껴지기도 하지만 대화를 슬쩍 끝맺고 싶을 때나 뒤끝 없이 퇴장하고 싶을 때 어쩔 수 없이 사용하게 된다. 간편식이라는 편리함 때문에 이모티콘을 반찬가게에서 골라온 몇 가지 찬처럼 늘어놓게 된다. 언어에 대한 열정이 관계에 대한 열정을 표현한다는 말이 아직도 유효한 것인지 모르겠다. 점점 화려해지고 다양해지는 이모티콘을 고르고 있으면 언어가 골동품 같아서 문학이라는 슬픔이 밀려온다.

여행

현실은 여행에서 돌아온 오래된 소설일 가능성이 많다. 이 생각은 어느 책에서 '여행의 끝은 소설처럼 쓸쓸하다'는 문장을 읽었을 때 든 생각이다. 여행자는 현실의 당사자가 아니므로 현지인의 생활을 배회하는 관객일 뿐이다. 여행은 한 달을 살던 일 년을 살던 언제든 떠난다는 결말이 정해진 허구 같다. 나는 여행을 늘 망설인다. 누가 등을 떠밀어주지 않으면 좀처럼 움직이지 않는다. 소설의 끝에서 다시 소설로 돌아와야 하는 지점이 번거롭고 싫은 것일지도 모른다. 소설은 한밤에 꾸는 꿈처럼 긴 여행이다. 반면 시는 잠깐씩 졸다가 낮에 꾸는 꿈처럼 짧은 여행 같다. 낮잠을 자다가 눈을 떴을 때의 생경함에는 밤잠보다 더 깊은

낯섦이 있다. 시는 현실을 이방인처럼 살아가기로 작정한 사람들의 것이다. 그들에게는 현실을 생생하게 펼쳐놓아도 비현실적인 느낌이 머물러 있다. 떠나지 않아도 언제나 떠나 있다는 느낌, 눈을 부비며 서서히 다시 돌아와야 하는 한낮이라는 현실을 여행이라고 받아들이는 사람도 있다.

수와 시

인간의 믿음이 전제되지 않는다면 수의 개념은 쓸모없는 것이 되고 만다. 그렇다고 인간이 수라는 개념 자체를 정복하거나 장악할 수 있다는 것은 아니다. 어느 순간 수의 질서가 우주의 질서처럼 다가오기도 하기 때문이다. 수학은 우리가 세운 온갖 공식들과는 별개로 이미 어떤 아름다움을 독자적으로 추구하고 있는 하나의 예술일지도 모른다. 사실 수리라는 말에도 철학적인 냄새가 가득하다. 시가 단어의 조합 그 이상이듯 수학 역시 수로 표현되는 세계를 구조적으로 보여주려는 노력을 끊임없이 하고 있을 것이다. '시는 일종의 영감을 받은 수학이다.'라는 에즈라 파운드의 말처럼 시를 써본 사람이라면 시의 형식과 수학의 수식이 흡사하다는 것을 알 것이다. 수학적인 질서와 시적인 간결함에는 정밀하고 구조적인 예술의 아름다움이 있다. 언어와 수 둘 다 끝없이 세계를 향해 나아가고 싶은 욕망을 품고 있다. 그러나 이 과정에서 수학은 모순으로부터 자유롭지 못하고 시는 모순을 미덕의 발판으로 삼아 도약의 날개를 편다.

요가

요가의 동작은 정적인 상태에서도 움직임으로 가득 차 있다. 내밀한 동작들은 자신만의 극점을 가진 채 항해하고 있는 찻잔 속의 찻잎을 닮았다. 천천히 팔다리를 늘이고 호흡을 확장시켜 가는 과정을 반복한다. 이런 동작들은 긴장을 이완으로 바꾸며 서서히 원형을 복원해 가는 찻잎처럼 겸손하고 아름답다. 요가를 꽤 오랫동안 했지만 아직도 몸이 느끼는 통점을 과장해서 받아들이곤 한다. 동작과 호흡 사이의 괴리를 메우지 못해서 고통을 객관적으로 처리하기가 어렵다. 운동에서 고통은 쾌락의 밑천이기도 하지만 요가는 매 순간 몸을 움직이게 하는 정신을 관찰하고 관리해야 하는 운동이다. 겨우 누울 수 있는 한 뼘 공간에서 희로애락을 맛보는 것, 몸과 정신이 서로를 응원하는 것. 요가를 운동이라고 하지 않고 꼭 수련이라고 말하는 사람들이 있다. 몸과 마음속에 아무도 눈치채지 못한 한 뼘에 닿는다는 기분이 무엇인지 아는 것, 그것이 요가를 지속하게 한다.

지금

시간은 지금이라는 화소들로 이루어져 있다. 지금이 남긴 흔적들로 시간은 그나마 구체성을 띠게 된다. 과거나 미래도 지금이라는 시간의 집합으로 구성된다. 인간의 시간 속에 남는 건 언제나 지금에 대한 기억뿐인지도 모른다. 다이애너 개벌든의 소설로 만든 <아웃랜드>를 넷플릭스에서 보았다. 시대를 뛰어넘는 타임슬립이라는 판타지는 흥미롭다. 200년 전의 시간 속으로 떨어진 클레어는 과거의 시간 속에서 마주한 지금이라는 현실과 싸운다. 시간의 돌기둥을 통해서 현재의 시간으로 돌아올 수 있음에도 그녀는 과거 속의 지금이라는 열악한 현실을 회피하지 않는다. 비록 어떻게 흘러갈지 아는 과거의 어느 시간을 살지만 그녀가 선택한 시간은 지금이라는 고유한 그녀의 현재로 남는다. 아리스토텔레스는 지금이라는 유일한 현실을 시간의 본질로 파악했다. 시간은 단절되지 않는 지금의 연속이며 과거나 미래 역시 지금으로 귀환되는 어느 한 시점일 뿐이라는 말이다. 지금이 과거고 미래라는 것이다. (2014년에 첫 방영을 시작해서 70부작이 넘는 이 드라마는 아직도 끝나지 않고 있다. 어쩌면 끝날 필요가 없을지도.)

숨

숨은 느낌으로만 존재하는 말 같다. 호흡이 가진 운동성에 비해 숨은 들숨과 날숨을 거처로 삼아 조용히 움직인다. 숨은 정면이 아니라 배후에서 벌어지는 활동이다. 모습을 드러내지 않고도 존재에게 영향을 미치는 은자처럼 몸의 구석구석을 돌며 잠행에 나선다. 생명이 전개되는 현장에서 숨의 발길이 닿지 않은 곳은 없다. 요가는 숨으로 시작해서 숨으로 마무리된다. 때로는 거칠고 때로는 잠잠한 숨의 길을 따라나서는 것이 내가 아는 요가다. 나는 오랫동안 숨을 쉬며 살아왔지만 나의 젊은 요가 선생은 나에게 숨 쉬는 법을 가르쳐준다. 코로 쉬는 숨은 부드럽고 상냥하게. 입으로 뱉는 숨은 주머니를 탈탈 털어내듯 아낌없이. 들숨과 날숨이 마중물처럼 서로를 부르는 숨소리에 귀를 기울이고 있으면 몸에 숨을 들인다는 것이 뭔지 어렴풋이 알 것 같기도 하다. 코끝에 나비 같은 숨이 팔랑대면 숨만 붙어 있어도 살아진다는 말이 떠오른다.

관계

전등의 불빛은 언제나 더 멀리까지 나아가고 싶어 한다. 두 눈을 부릅뜨고 자신의 위력을 세세하게 증명하고 싶어 한다. 어느 날 머리 위에서 전등을 감싸고 있던 덮개가 떨어졌을 때 빛을 가려주던 손바닥을 치워버린 것 같은 낭패가 몰려왔다. 오랫동안 어르고 달래던 빛이 날 것으로 쏟아져 내렸다. 너무 빛이 나서 되바라져 보이던 사람과 정면으로 마주친 것처럼 어떻게든 피하고 싶은 마음이 들었다. 지나친 밝음이 주는 피로를 수습해보려고 천 조각을 대어보며 눈을 깜빡거렸다. 여과 없는 빛이 사물에 닿을 때마다 파리한 그늘이 떠돌아다녔다. 빛이 어둠에 스며들지 못하고 어둠이 빛에 녹아들지 못하는 배타적인 관계, 불을 켰

는데도 설렁한 느낌이 들었다. 빛이 어둠을 우악스럽게 밀어낼 때 저절로 눈을 찡그리게 되듯 사람과의 관계도 같을 것이다. 어쩔 수 없이 생기는 빛과 어둠 그리고 그림자, 간접조명이라든가 조도라는 말을 생각했다.

잘

'산다'라는 말은 선명한 말이다. 그런데 이 확연한 말 앞에 '잘'이란 수식어가 붙게 되면 멈칫거리게 된다. 잘 산다는 것 그것의 기준이 모호하며 개인적일 수밖에 없기 때문이다. 어느 고등학교의 교훈이 '잘 살자!'라는 것을 보고 놀란 적이 있다. 캐치프레이즈같이 단순 명료한 이 문장을 되뇌다 보면 묘하게도 형이상학적인 뉘앙스가 풍기는 것 같다. 산다는 것은 누구에게나 주어진 확고부동한 조건이다. 그럼에도 불구하고 살아간다는 현실적 조건 위에 군림하게 될 것이 있다면 무엇일까. '잘'은 '그냥'이 아닌 존재에 대한 사유를 근본적으로 되짚어 보게 하는 로고스의 별처럼 보인다. 길을 잃을 때마다 묻게 할 것이다. 그리고 의문을 품은 채 고독한 반성을 하게 할 것이다. 훗날 교실 정중앙에 걸려 있던 이 말이 수시로 삶을 간섭하게 될 것을 알았을까. 산다는 것, 그것만으로도 이미 '잘'한 일일까.

밀양

빽빽할 밀 볕 양. 나는 밀양密陽 출신이다. 유년기를 보내면서도 시큰둥했던 이 작은 도시가 햇빛이 충만한 곳이라는 걸 최근에 와서야 온몸으로 느꼈다. 영남루 일대와 남천강 주변을 산책하게 되면서 쏟아지는 햇빛의 세례를 수혈하듯 온몸으로 받았다. 수박 냄새가 나는 물고기는 아직도 살고 있는지 남천강에 은결이 잔뜩 든 물결이 천상의 비늘을 닮아 반짝거렸다. 유년의 결핍을 보상해주듯 뒤늦게 밝은 햇빛 속에 선 나는 다시 이곳으로 돌아와 사는 모습을 잠시 상상했다. 시루에 꽂힌 노란 콩나물처럼 빽빽한 햇빛 때문일까. 누와 성곽 주변에 기대어 있는 구옥들과 밥집들 그리고 좁은 골목들이 풍기던 비루함은 다정함으로 보였다.

그때도 여기는 변함없는 볕바른 양지의 언덕이었을 텐데 '다시는 돌아오지 않을 거예요.' 비련의 주인공처럼 마음속에 품었던 말들은 다 어디로 가버렸을까. 날이 맑아서, 강이 새것처럼 새파래서, 시간이 덧없이 가버려서 흠, 옛날 생각이 하나도 나지 않았다. 시간도 빛에 바래 버리는지.